そろそろ本気で 信州移住

考え始めたあなたへ。先輩たちの本音アドバイス

はじめに

移住を考えている人に希望地を尋ねると、信州（長野県）は必ず上位に入ります。雄大なアルプス、自然豊かな環境、おいしい水や食べ物、温泉、スキーや登山、首都圏へのアクセスの良さなど、その魅力が全国に浸透していることの証でしょう。

その一方で、移住希望者が考える信州のイメージは、どこか漠然としています。

北海道、岩手県、福島県に次いで面積が広く、8県（新潟、群馬、埼玉、山梨、静岡、愛知、岐阜、富山）と隣接する信州は、地域によって気候や文化にかなり違いがありますが、地域ごとの特色を知らないまま憧れを抱く人も少なくないのではないでしょうか。そうなりがちなのは、移住者を迎える側の情報発信が地域ごとにばらばらで、横並びの比較検討がしづらいことにも要因があると思われます。

本書は、広い信州の各地域に一足先に移住した人の協力を得て作られた、等身大の信州移住体験記です。

動機も移住の時期も職業も家族構成も異なる人たちは、どんな場所で暮らしているのか。どのように計画を実行し、移住先での生活を構築していったのか。移住後に苦労したのはどういうところだったのか。事前アンケートで聞いた「移住を考えたきっかけ」「地域選択の理由」「クリアしなければならなかったこと」「住んでみて思うこと」「移住を考えている人に伝えたいこと」への回答と、インタビューで構成することによって、ひとりひとりの実感に触れることと、35組の体験を比較しながら読むことの両立を目指しました。

移住というと、終の棲家を求め、覚悟を決めて行うものという考え方にも変化が見られました。信州で過ごしてみて、合わなかったり、もっといいところがあればまた移住すればいい。あるいは、新幹線通勤のできるエリアを探して、転職なしの移住を果たす人たちもいます。

信州への移住を考えている人なら「この人の考え方は私と近い」と思える〝先輩〟と出会えるでしょう。これまで観光客目線だった信州のイメージが移住者目線に変化し、より具体的な計画を練りたくなるでしょう。

移住フェア、移住体験ツアー、下見を兼ねた旅行、仕事探し……。最初の一歩はどこから？

そろそろ本気で信州移住を考えてみませんか。

第1章 子育てするなら

第1章 子育てするなら……9

File 01 竜田 大輝さん……10
「理想の人生」を追求すべく、計画を練り上げました
大阪府大阪市 → 松本市

File 02 関　紀子さん……14
子育て支援の手厚さが移住の決め手になりました
神奈川県川崎市 → 上伊那郡宮田村

File 03 堀野 晃正さん……18
いざというときに相談できるところがあると、安心感が違ってくる
東京都練馬区 → 上田市

File 04 石森 美登里さん……22
実現できる方法を考えていけば、やるべきことがわかってきます
東京都渋谷区 → 大町市

File 05 角田 研一さん……26
“新幹線通勤”サポートで、転職しない移住を実現
東京都福生市 → 佐久市

File 06 大北 優美子さん……30
都会と田舎の“おいしいとこどり”を狙った移住計画に実母が参戦！
東京都渋谷区 → 北佐久郡御代田町（＋軽井沢町）

File 07 小林 雅行さん・綾子さん……34
「冬は営業日を減らす」ことにしたらストレスが軽くなった
東京都世田谷区 → 北安曇郡池田町

File 08 豊田 陽介さん……38
1カ月間の短期移住で、人生観が変わりました
神奈川県川崎市 → 南佐久郡佐久穂町

File 09 丸山 雅さん……42
「子どもは村の宝だ」と思ってくれる人たちの中で暮らせる幸せ
兵庫県神戸市 → 木曽郡木祖村

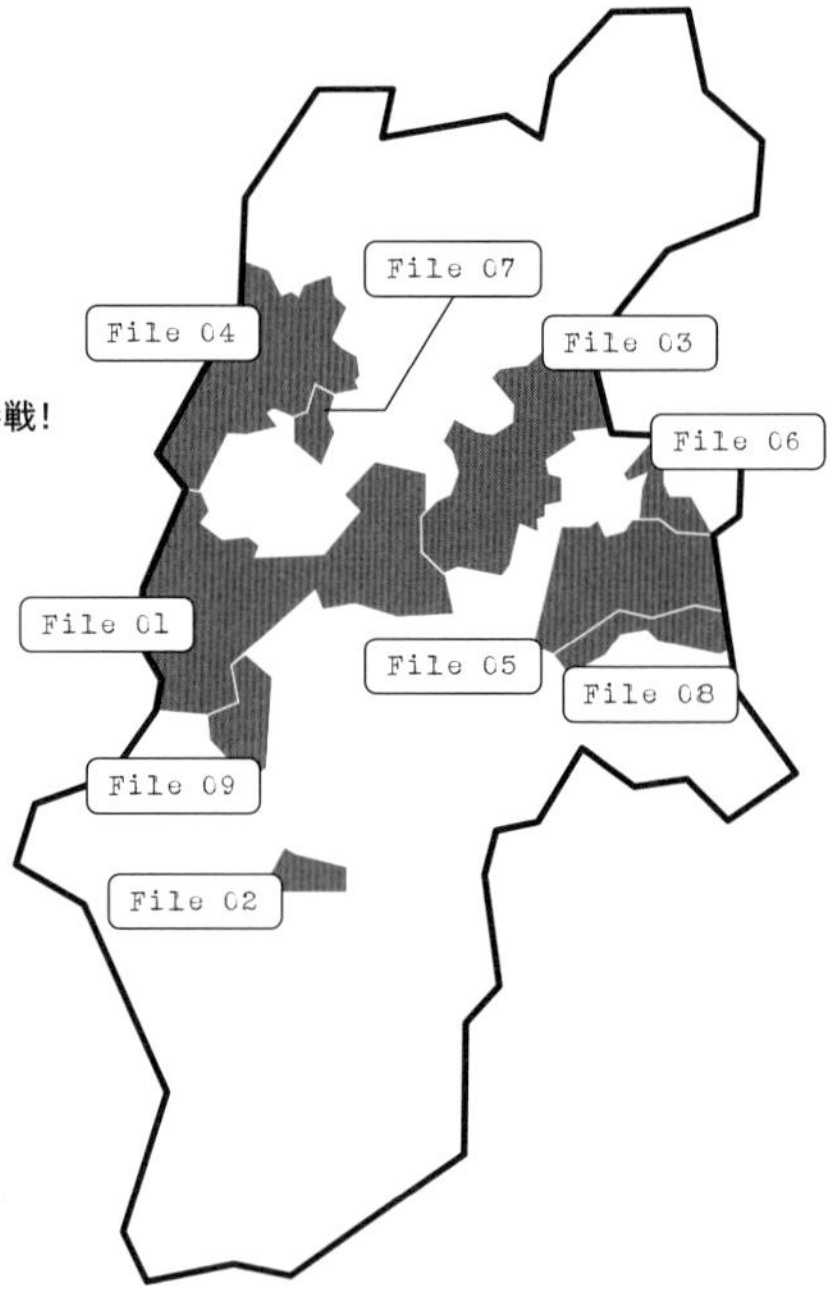

第1章
やりたい仕事ができる……47

File 10 梶田　直さん……48
求められている技術や人材がわかった上で仕事を決めた
東京都足立区→駒ヶ根市

File 11 高橋　涼さん……52
肩の力を抜いて、がんばりすぎない
千葉県木更津市→南佐久郡小海町

File 12 ルーカス 尚美さん……56
仕事？ 環境？ それとも夢の実現？ 移住先選びには優先順位が大切です！
千葉県流山市→上伊那郡箕輪町

File 13 関　良祐さん……60
「将来は果樹園を持ちたい」と目標が定まったとき、スイッチが入った
東京都葛飾区→中野市

File 14 杉山 泰彦さん……64
村の人を見ていると、“足るを知る”という言葉を思い出すんです
東京都渋谷区→下伊那郡根羽村

File 15 中村 文絵さん……68
人生の半ばを過ぎて思った。夢を叶えるタイミングは今かもしれない！
神奈川県川崎市→下高井郡木島平村

File 16 根津 修平さん……72
きたときは「ひとり」でしたが、いまでは家族が「3人」に増えました
神奈川県川崎市→上伊那郡中川村

File 17 山崎 龍平さん……76
保育園を作る目標を叶えた。収入は減った。でも、満足してます
東京都多摩地区→下高井郡山ノ内町

File 18 染谷 友輔さん……80
20代前半で移住。最初は人との関わりの濃さが衝撃でした
東京都江戸川区→南佐久郡北相木村

File 19 堀川 さちさん……84
就農を目指してできるかぎりの準備をしたので悔いはないです
千葉県成田市→上伊那郡飯島町

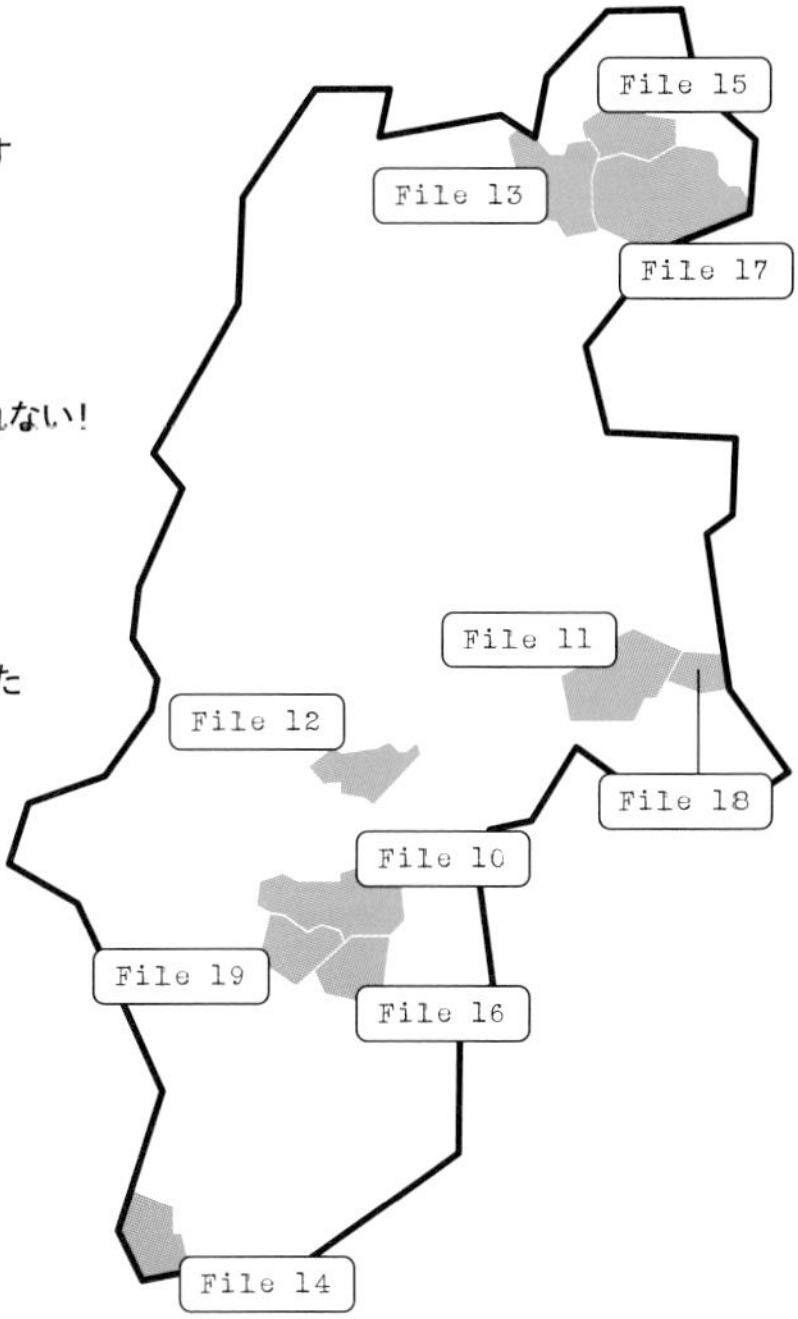

第3章

都会脱出

……89

File 20 滝上 智也さん ……90
“ポツンと一軒家”で暮らしたくて、キャンプ場のオーナーになってみた
神奈川県横浜市 → 小県郡青木村

File 21 宮下 広将さん ……94
仕事、住居、結婚。移住したことで人生が良い方向に変わったかも
神奈川県横浜市 → 東御市

File 22 金井 一記さん ……98
地元と移住者をつなぐキーマンを探そう
京都府京都市 → 上伊那郡辰野町

File 23 宝利 康洋さん ……102
飲食業ならすぐ決まると思っていた。仕事探しがいちばん難しかった
東京都大田区 → 北安曇郡松川村

File 24 カール 映香さん・ニックさん ……106
親切で優しい南木曽の方々に助けられて、私たちは元気です！
愛知県名古屋市 → 木曽郡南木曽町

File 25 鈴木 彩華さん ……110
直感のうごめきを聞き入れれば、流れるように何かが始まる
東京都練馬区 → 下高井郡高山村

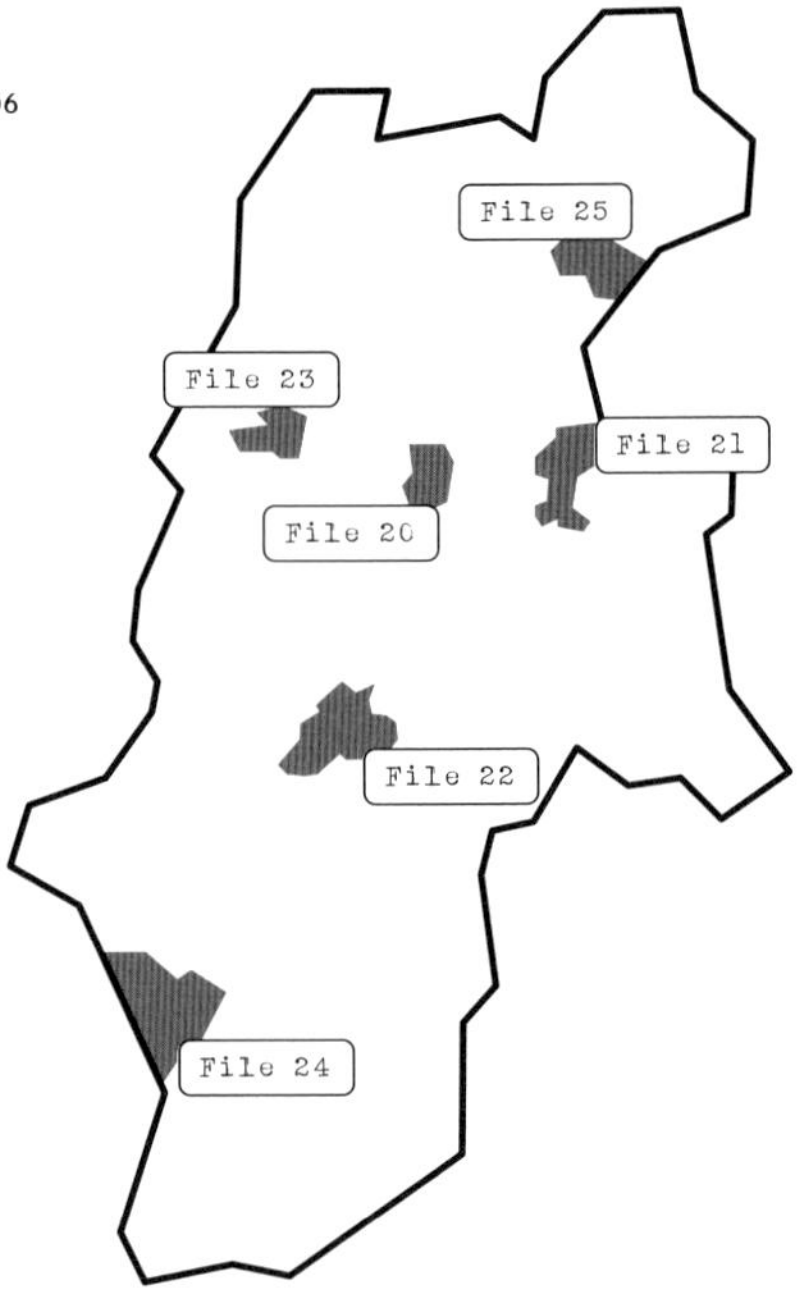

column

長野県の市町村　こんなところ
北信・東信 ……46
中信 ……88
南信 ……114

移住の行政窓口 ……158

おわりに
松本で7年半暮らしてみて ……156

第4章
この場所ありき
115

File 26 伊藤 恵美さん・光泰さん ……………116
「思い切りスキーをしたい」という気持ちがピンチを救ってくれました
愛知県名古屋市 → 北安曇郡白馬村

File 27 榎並 真由子さん ……………120
周囲の方々に見守られ、女性ひとりでも安心して暮らせます
京都府京都市 → 東筑摩郡筑北村

File 28 吉岡 秀幸さん・智美さん ……………124
日本の本質、魅力を田舎に見つけた
神奈川県横浜市 → 伊那市

File 29 大宮 透さん ……………128
信州の魅力に気がついたのは小布施町に移住してからでした
東京都墨田区 → 下高井郡小布施町

File 30 逸見 俊隆さん ……………132
食べていく手段から移住先を考えるのもひとつのやり方だ
東京都杉並区 → 下伊那郡高森町

File 31 寺西 正樹さん ……………136
定年後の移住。最初は「なんで僕はここにいるんだろう」と思いました
愛知県安城市 → 東筑摩郡山形村

File 32 増子 裕子さん ……………140
夫の転勤でまさかの信州住まい。でも3年後、終の棲家を買いました
神奈川県横浜市 → 安曇野市

File 33 宮内 智也さん ………… 144
ライフワークへの強いこだわりが幸運を呼び込んだ!?
東京都足立区 → 飯田市

File 34 吉田 理史さん ……… 148
「なぜ自分たちはここへ移住したのか」を地域の人に伝えよう
栃木県大田原市 → 下水内郡栄村

File 35 石賀 翔さん ………… 152
登山と星景写真を優先し、内定を断って諏訪へ来ました
鳥取県倉吉市 → 諏訪市

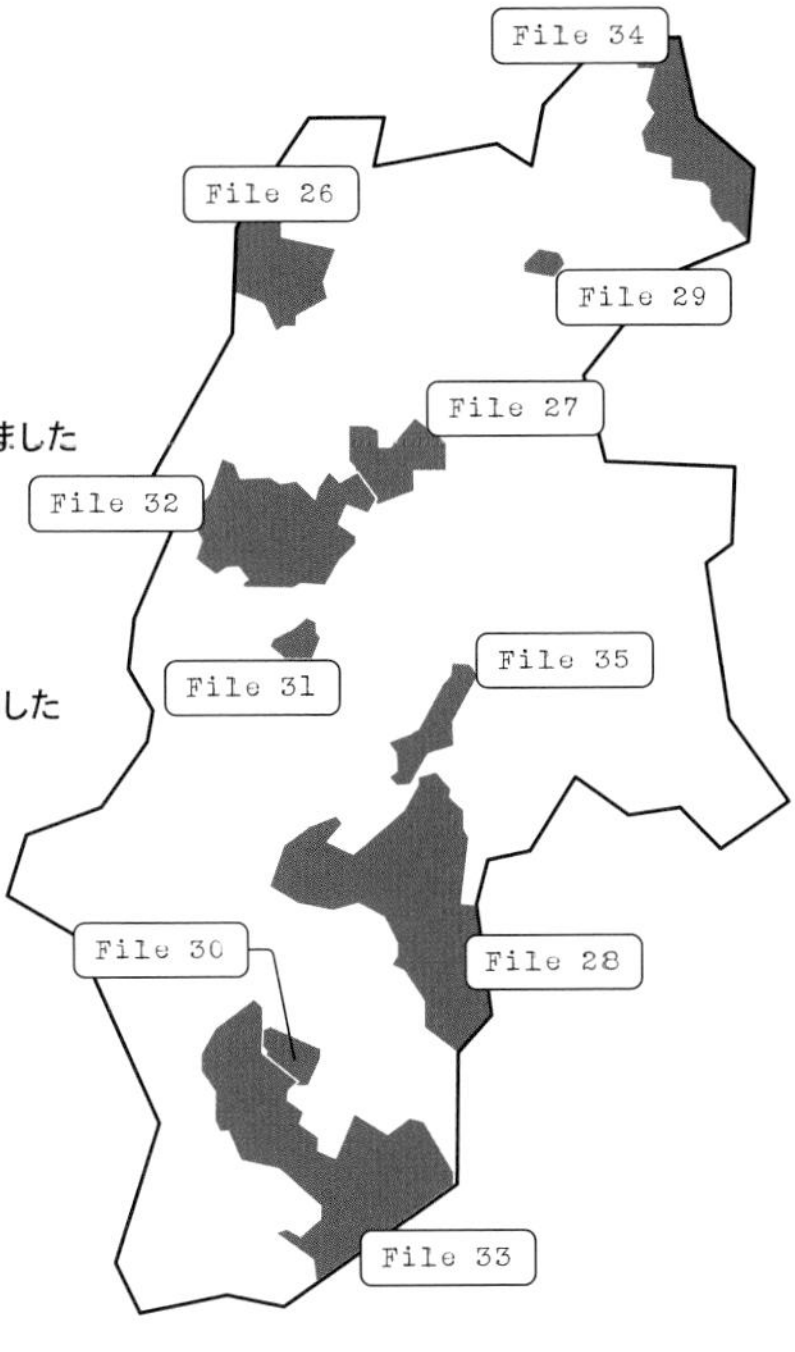

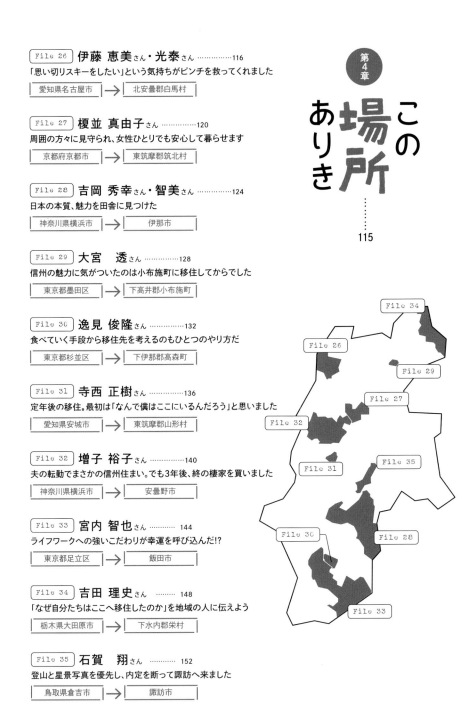

本書は、事前アンケート（黒字部分）とインタビュー（色文字の部分）で構成し、本文の内容は原則、取材時（２０２０年度）の状況をもとにしています。

アンケートは取材前の事前調査として実施。「移住を考えたきっかけ」「地域選択の理由」「クリアしなければならなかったこと」「住んでみて思うこと」「移住を考えている人に伝えたいこと」について記入していただきました。

比較検討しやすいように、移住ルート、職業、移住時期、家族構成のほか、移住先市町村の長野県内の位置、人口（２０２１年１月１日現在）、役所（役場）標高を掲載しました。

写真は撮りおろしのほか、ご登場いただいた方々からもご提供いただきました。

第1章

子育てするなら

「理想の人生」を
追求すべく、
計画を練り上げました

大阪府大阪市 → 松本市

竜田 大輝さん

電子機器メーカーエンジニア

移住時期・2015年／家族構成・夫婦+子ども2人（双子）

Q 移住を考えたきっかけは

――大阪での都会的な暮らしも楽しかったが、子どもをつくることを考えたとき、ライフスタイル（時間の使い方）を変える必要があると感じた。たとえば仕事についても、終電過ぎまで働く毎日でいいのだろうか。このままでは「家族で過ごす時間をたっぷり取る。趣味の登山を満喫する。地域づくり・町づくりに取り組む」という自分らしい〝理想の人生〟から遠ざかっていくと思い、移住を決意した。

Q なぜ「松本市」だったのか

――利便性が高く、登山環境に恵まれ、街の雰囲気も好きになれたから。

地方に移住はしたかったが、同時に都会や都会的な暮らしも好きで、異業種の人と交流したり、市街地で便利な暮らしができる環境が希望地。松本は都会とは言えないが、そういう条件を満たしている。背景を山並みが彩り、レトロな建物が並ぶ街並みも魅力的で、ここなら地域づくり・町づくりにも取り組むことができそうだと思った。仙台、金沢、松山、熊本、鹿児島も候補として考えたが、夏の夜の涼しさや晴天率の高さ、夫婦それぞれの実家までの距離など、総合的に考えて松本をしのぐ場所がなかった。

白と黒のコントラストが美しい蔵が並び、向こうには美ヶ原を望む中町通り

Q 移住までにクリアしなければならなかったこと

――大きく分けて「仕事」「お金」「友だち」が移住へのハードルや心配事だった。

「仕事」探しでは転職エージェントやネット検索で情報収集し、異業種や異なる職種の中から探していった。結果、おもしろそうだと思えた会社は現在の勤務先。そのため、知識の吸収など、受かるためにできることはすべてやって、セイコーエプソンに転職。ミスマッチを防ぐためにも、面接では、仕事を頑張るためにプライベートの時間も確保したい、と正直に伝えた。

「お金」については、残業を減らしたかったこともあり、かなりの収入減になるだろうと予測。それに耐えられるのかが心配だったが、家族と過ごす時間や自分らしい暮らしのほうが大切と考え、固定費の削減（家賃、通信費、新聞代など）を行った。車も1台で済むように、市街地の駅から近い物件に住むことにした。

「友だち」どころか知り合いもいない松本に行って大丈夫なのかと心配になり、SNS情報などから旧友を徹底的に探して、大学時代の友人が一人見つかった。0と1では気持ちが全然違い、あとはなんとかなるだろうと楽観的になることができた。

市や県の移住セミナーに参加し、積極的に移住の体験談を話す竜田さん

Q 住んでみて、今どう思っている？

――心配していた点はすべてうまくいき、移住は成功したと考えている。生活サイクルも、以前は仕事がほとんどすべてだったが、いまは仕事を含め、楽しさや充実感が大部分を占めるようになった。

仕事以外では、移住後すぐに「ヨクスムマツモト」という団体を作り、地域団体や松本市と連携して、地域住民、移住を検討している方をつなぐ活動を始め、軌道に乗ってきたところ。こうした活動を通して、会社の同僚以外の個人的な友人関係も順調に広がっている。

松本は子育て環境が良く、大きくて設備が充実している公園がいくつもある。児童館（子育て支援センター）も広く、職員の方々が親切。西側の北アルプス、東側には美ヶ原を眺めながらの暮らしは贅沢、かつ飽きることがない。ときどきはエネルギーにあふれる大都会に遊びに行きたくなるけれど、そういうときは行ってしまえばいい。

Q 伝えたいこと

――移住したら何ができるのか、24時間365日をどれだけ好きなこと、楽しいこと、充実することで満たせるかを考え抜くことが大切だと思う。嫌いなこと、つまらないこと、意義を感じないことをどこまで減らせるか、そこから考えてもいい。その答えを出すには、自分をよく知ることが必要になってくる。自分の理想の人生はどんなものなのか、現状の何が不満なのか、移住すると理想に近づけそうか。これらを明確にすると、移住すべきか、すべきでないかの判断がしやすい。実践的な方法としては、頭で考えるだけではなく、これらについての自分の思考をすべて書き出してみることをすすめたい。

移住ありきで考え、「仕事は何でもいいや」とするのは危険だと思う。仕事の充実度が人生に及ぼす影響はとても大きいので、真剣に考えて決めてほしい。●

移住に関して心配な点は、シミュレーションして文字化、ビジュアル化してみると考えやすくなります。計画を立てることによって自分の思考が把握できれば、不安も消える。足りないこともはっきりしてくる。これが大きいです。シミュレーションしておけば、後で修正することもラクにできます。表やグラフを作るのは大変だと思われるかもしれませんが、やってみるとそうでもないですよ。

お金について、僕は「人生に

おける予算表」を作り、具体的に考えていきました。たとえば、年ごとに高額出費一覧を作り、どれほどの金額が必要かを考える材料にする。自分の年齢ごとに、想定される年間預金可能額、年間支出額、年末純資産残高を表にしてみる。こういうものがあれば、収入が減ることが予想されても、やみくもに心配せずにすみます。また、時期についても、いまなのか、何年先なのか、クリアになってきます。

　移住してからのお金問題について、おもしろいことがわかりました。移住前と残業代が減った移住1年後を比べると、世帯収入が約2／3に減った代わりに、支出も家賃が9万円↓6万円、食費が6万円↓3万円、情報通信費2・6万円↓1万円に下がり、3項目だけで7・6万円削減できたのです。

　支出の内訳を見ていくと、日々の楽しみ方に変化が生じたことがはっきりしました。移住前は旅行や買い物、飲み会など、お金を使って楽しむことがメインとなっていました。ところが移住後は、企画を考えたり、勉強をしたり、仲間と打ち合わせをする時間が増えていました。

　都会で暮らす普通の会社員が、理想の暮らし方をシミュレーションし、その考えに沿って仕事と移住先を決め、仕事以外の能動的な活動に力を入れた。その結果、お金を使わずに日々を楽しめるライフスタイルに変化したというわけです。

　さすがに、双子が誕生することまではシミュレーションしきれていなかったので、フルタイムで子育てにあたっている妻の負担を少しでも減らすべく、朝食の支度や食器洗い、子どもの入浴を担当しているほか、休日は妻に自由な時間を持ってもらうよう心がけています。登山はしばらくお預けですね。

竜田大輝さん
1989年新潟県生まれ。プラントメーカーに就職後、名古屋、大阪で勤務。2014年結婚。翌2015年、26歳で松本市に移住し、セイコーエプソン株式会社に転職。現在、双子の子どもと4人暮らし。松本エリアの移住お手伝いサイト、「まつもと移住サロン」を開設。

File 02

子育て支援の手厚さが
移住の決め手になりました

神奈川県川崎市 → 上伊那郡宮田村

関　紀子さん
建設会社社員
移住時期・2018年／家族構成・夫婦+子ども1人

Q 移住を考えたきっかけは

――移住する前、川崎市に住んでいた頃は、職場までの通勤時間が片道1時間20分もかかっていた。そのため、保育園に迎えに行くのが遅くなり、帰宅後に家事・育児をしていると、1日の時間が全然足りなかった。もっと子どもと過ごせる時間を増やせたらと常々思っていた。子どもが3歳になると勤めていた会社で時短が使えなくなり、フルタイム勤務になることから、余計に時間がなくなる。できれば、それに合わせて仕事をやめ、どこか子育てしやすい田舎（自分が生まれ育った環境と似ているところ）に引っ越したいと思っていた。

Q なぜ「宮田村」だったのか

――移住先を長野県にした理由は、夫が県南部の下伊那郡天龍村出身で、実家に近い方が何かと子育てしやすいと思ったから。ちょうどよい距離感の、夫の実家から車で1時間以上圏内（上伊那郡～下伊那郡の北の方）で考えていた。雪かきが嫌だったので、長野県の北の方は考えていなかった。

ふるさと回帰支援センターの長野県の担当の方に、宮田村は子育て支援が手厚い村だと聞いて、気になっていた。その上で、夫婦そろって仕事をやめていて状況的にかなり切羽詰まっていた時期に、宮田村の移住セミナーに参加したことが最終的な決め手となった。

村営住宅の前から中央アルプスを望む

Q 移住までにクリアしなければならなかったこと

――夫の仕事を決めること、移住先の賃貸物件を探すこと。まず、ふるさと回帰支援センターのハローワークに問い合わせて、最初は松本周辺で探したり、ネットの転職サイトに登録したり。長野県の求職情報に特化したサイトにも問い合わせ、東京で担当者と対面で相談させてもらった。でも、開発系ではなく構築系のSEの職は都市部以外では求人が少なく、スムーズには決まらなかった。最終的には探し始めて2カ月後、上伊那広域連合の担当者の紹介で、IT系の人材を求めている会社に。ネットより、地元に精通した人を介して進めるほうが早いと実感した。私はこちらの生活が一段落したところでパートを探し、宮田村の移住者交流会で声をかけてくれた村内の建設会社に。現在は不動産業務に従事している。

住むところも村のお世話になり、村営住宅を紹介してもらった。3LDKで家賃3万円以下の好条件。たまたま無抽選で入

ることができた。2003年築のきれいな建物で、買い物や通学にも便利な立地。夫の通勤時間は車で30分弱かかるが、それでも東京時代の半分になった。

関　紀子さん
1990年北海道生まれ。出産後、働き方や時間の使い方に疑問を感じ、自身も夫も都会志向ではないことから地方での生活を意識。夫婦ともに離職して焦りかけたが、宮田村担当者との出会いに恵まれ、短期間で移住を果たした。

Q 住んでみて、今どう思っている？

――総合的な印象は、コンパクトな村なので暮らしやすい。隣の伊那市、駒ヶ根市にもすぐに出られるため、生活面で困ることはあまりない。近隣住民との付き合いが都会とは違うと思っていたので、どういうスタンスで接していけばいいかわからなかったが、普通に挨拶をする程度でドライな関係が保てるのは意外だった。また、宮田村では夫婦共働きでなくても3歳以上は保育園に入園できるので助かっている。

不便を感じるのは病院関係。どこがいいか探そうにも、ネット上での口コミが少なく、情報が得られにくい。それと、地区の月1回の清掃活動が思ったより大変。あとは運動不足になりがちな点と、時々はネオンが恋しくなる。飲み歩く機会はほとんどなくなり、子どももいるので家飲みに切り替えた。

それでも、大きなトラブルもなく暮らせているので、総合的には大満足している。なんといっても、移住の動機でもあった〝子どもと過ごす時間〟が、夫婦とも大幅に増えたことがうれしい。

Q 伝えたいこと

――仕事や住まいのことも大切だが、長野県は南北に長く地域によって気候や標高も違う。場所によっては、冬は曇りが多いという地域や、片や雲一つなく晴れ渡っていることが多い地域（今住んでいるところがそう）もあったりするので、情報のみで判断せずに実際に現地に行って、その土地の気候を体感するのがおすすめ。春から秋にかけては快適なところが多いが、冬の寒さや降雪量は地域によって差があるので、冬に訪れておくと違いが感じられやすい。土地柄や気質、慣習などは住んでみないとわからないことが多いのに比べ、気候は行けばだいたいわかるので、手を抜かずにやりましょう。●

移住前は、誰かが我慢することになるのかなと心配していま

した。私は友人も知り合いもいないし、夫は新しい職場に馴染めるかどうかわからない。子どももそうですよね。でも、今のところそれがないので、うまくいっているのかなと思います。川崎にいたときのことを思い出すこともないくらい。

家族で過ごす時間が飛躍的に増えたという

夫は「坂部の冬祭り」という国の選択無形民俗文化財の後継者。祭りの時期には実家の天龍村に必ず行かなければならないので、日帰り圏内に住むことを喜んでいますし、私は私で実家べったりにならず、でも何かあれば行き来がしやすい宮田村は距離感がちょうどいいと感じています。諏訪や松本へも比較的出やすいですしね。

宮田村は子どもがわりと多く、保育園は学年で約60人いて、小学校も学年3クラス。高校までの医療費の完全無料化など、すごく子どもを大事にしている印象があります。行政に移住者をサポートする意識があるのは、慣れない土地で暮らす上で、精神的にも強い支えになります。

南信（信州の南エリア）の方は雰囲気が柔らかくておおらか。優しい方が多いので緊張せずにつきあうことができます。私は保育園の保護者会など、ママさんネットワークなどで地元の知人を増やしていければと思っています。夫は勤務先が伊那市なので、社内の人間関係が中心で、今のところ地元との接点が作れておらず、そこが課題ですね。

宮田村の人って、宮田村がすごく好きなんですよ。地元の人と話すと「あの山、いつ見てもきれいだよね。毎日そう思うよ」と言われます。役場も外に向けての発信に力を入れていて、そのトーンも「いいところだから、ぜひ来てください」なんです。考えてみれば、私たちが宮田村に心を惹かれたのも、移住セミナーで役場の人と会ったときの印象が良かったからなんですよね。受け入れ態勢も整っていて、下見にきたときは村が所有する移住の体験住宅「ベース宮田」に2泊しました。低料金で、最大30日まで泊まれる施設なので予約でいっぱいみたいです。移住先の候補に宮田村を考えてみようという方は、利用するといいと思います。

File 03

いざというときに
相談できるところがあると、
安心感が違ってくる

東京都練馬区 — 上田市

堀野 晃正さん

システムエンジニア

移住時期・2020年／家族構成・夫婦+子ども1人

Q 移住を考えたきっかけは

――2012年の結婚当初から、東京には一時的に住むイメージしかなく、いずれは離れようと夫婦で話していた。私は秋田出身、妻は岡山出身なので、ずっと東京にいるイメージが持てなかったのだと思う。具体的な話になったのは、娘が生まれてから。小学生に上がるくらいのタイミングで東京を離れるという〝時期〟もはっきりしてきた。また、移住の理由も「東京はモノが多すぎるので、子どもにはもっとモノが少ない、選択肢が多すぎないようなところで育ってほしい」と具体的になっていった。

Q なぜ「上田市」だったのか

――私の地元である秋田県に行く案に、岡山県出身の妻は反対。折り合いがつかない時期に、偶然夫婦それぞれに不幸があり、急遽実家に帰ったことがあった。そのときに「どちら側で何かあっても、帰りやすいところ」ということで意見が一致し、地元ではない場所に目が向いた。

移住先の条件として考えたのは以下の4点。

・自然が多いところから、30分くらいでそこそこ大きな街に行ける
・災害が少ない
・海沿いより山沿い
・夫と妻の実家に行きやすい

この条件から長野県、山梨県が候補となり、足を運んで視察。長野県では松本市、安曇野市、長野市、上田市が候補となったが、最終的には大宮や東京経由でどちらの実家にもアクセスしやすい上田市に決めた。

高台から田園風景を見渡せる、眺めの良い公園が近くにあるのも魅力

Q 移住までにクリアしなければならなかったこと

――家探しと仕事探し。とくに家探しが大変だった。猫を飼っているため、賃貸では選択肢が少なく（ペット可物件はとても少ない）、魅力的な物件が出ても現地に見に行けるのが週末で、その前に他の人に契約されてしまうこともあった。そのため、結果的には東京にいた頃と同じ広さの狭い家になったが、家より広い庭がある（これは東京ではまずない）ので概

ね満足している。

仕事は仮に決まらなかったとしても東京の仕事をリモートでしようかと思っていたので、それほど心配していなかったが、情報収集していく中で、株式会社地元カンパニーのエンジニアの募集を知り、就職を決めてから移住することができた。ちなみに、この会社は社名にもあるように「地元」にこだわっていて、ここで働くことで「秋田に帰れなかった」という地元に対する後ろめたさを消化しているようなところもある。

庭のコンクリート部分はチョークのお描きにはもってこい

Q 住んでみて、今どう思っている？

―― 期待どおりか期待以上だった点

・家のまわりに緑が多い
・職場の周辺で稲が育つ様子が見られる（秋田出身なので水田が好き）
・バーベキューや花火ができる庭の広さ
・家が建て込んでいないのが心地よく、のびのびと生活できている。
・仕事のレベルが下がっていないこと（のんびり働こうとは思っていなかった）
・上田駅前のにぎわい。飲みに行っておいしい店に当たることも多い。
・横断歩道で止まってくれる車が多い。

やや不満な点

・車通勤になったため、東京時代のように通勤時間を使って、仕事やプライベートの調べものの時間が確保できなくなった。
・収入が減少した割に生活費は下がらない。明らかに下がったのは家賃くらい。それ以外の物価はあまり変わらない。外食が減るなど食費が低くなり、なんとか帳尻を合わせている。

Q 伝えたいこと

―― 移住希望者向けのツアーがあれば参加するのがいいと思う。私の場合は、案内してくれた上田市移住交流推進課や、上田市でコワーキングスペースなどを運営する一般社団法人ループサンパチの方が親切で熱心だったことで、移住への不安をある程度解消することができた。市役所の方々にはさまざまな質問に答えていただき、移住後もお世話になっている。いざというときに相談できるところがあるのとないのとでは安心感が違ってくるので、人のつながりは大事にしてほしい。上田市には移住支援金等の制度があり、5年間上田市に住むことを条件にサポートが受けられるので、これを利用する手もあると思う。

堀野晃正さん
1987年秋田県生まれ。大阪での大学生活後、スコットランドで1年暮らし、東京で就職。SEとして9年間勤務。子どもの小学校入学を前に上田市へ移住した。株式会社地元カンパニー勤務。

まだ1年も過ごしていないので、「信州へいらっしゃい」と自信を持って言うことはできないけれど、移住を特別視するのではなく、普通の転職や引っ越しと同じような気持ちで実行に移してもいいのではないだろうか。私たちはこのまま絶対に信州で暮らしていく、と覚悟を決めているわけではない。「ダメだったら他のところに行こう」というスタンスで移住してきた分、客観的に移住先を見ることができる。それでも今のところ快適に過ごせているので、上田市に決めたことは間違ってなかったと思う。

●

上田のことを本気で考えるようになったのは、移住希望者向けの全国相談会でスタッフの方に声をかけられ、体験ツアーに参加してからでした。スーパーや病院、お店だけではなく、地域の人の話を聞くことができ、ただ見て回るより充実していました。これなら大丈夫かなと思ったのはスーパーの品ぞろえを見たときかな。「ツルヤ、いいね」と夫婦で言い合ったのを覚えています（笑）。

仕事については、地域に馴染んだり人のつながりを作ったりしたくて、東京の会社などのリモートではなく、地元（上田）の会社で働くことを選びました。現在の職場は人間関係も穏やかですし、なんと残業禁止。おかげで家庭中心の生活を営むことができています。

夫婦そろって都会が好きではないので、寂しくはないですね。上田に住んでいると、日常生活で不自由を感じることはありません。最初ということで、まずまず便利なところに住んでいますが、できればもう少し市街地から離れた静かなところで暮らしてみたいくらいです。

もともとが田舎の人間なので、そのほうが落ち着くんですよ。せっかく信州へ移住してきたのだから、里山地帯にも住んでみたい。妻は車の運転をしませんが、ローカル線の別所線沿いなら、車がなくてもなんとかなる範囲に自然の多い環境が広がっていますから。

上田市のシンボル太郎山をバックに
千曲川を渡る北陸新幹線

File 04

実現できる方法を考えていけば、やるべきことがわかってきます

東京都渋谷区 → 大町市

石森 美登里さん
ピクルス屋経営
移住の時期・2017年／家族構成・夫婦+子ども1人

Q 移住を考えたきっかけは

――東京にいたときは家族の時間が全く取れない状況。子どもが生まれると同時に夫と撮影などの会社を立ち上げ、生活が大きく変わった。会社員なら仕方がないのかもしれないが、我が家は夫婦ともに自営業。自分たちなりの暮らし方を選びやすいはずなのに、それができていない。仕事だから仕方がないと呑み込むことはできなかった。子どもが生まれ、生活が変わる中で、暮らしを変えようと思い立った。

こう書くと、きれいにまとまってしまうが、簡単に言えば、ストレスが溜まった私が、その解消を求めた結果が〝移住〟。私にとって最大のリフレッシュだった〝滑ること〟を求めて居場所を変えることにした。母親が元気なら家族はうまくいくと信じて。

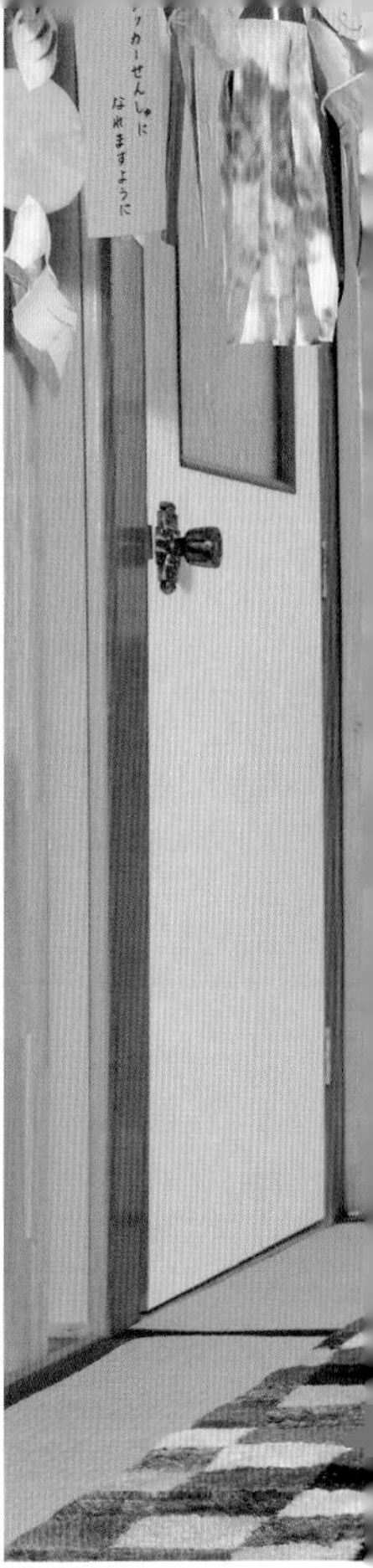

Q なぜ「大町市」だったのか

――良い賃貸物件に巡り合えたのが第一。カメラマンの夫は家で商品撮影を行えるよう、スペースにゆとりのある一戸建てを探していたが、最初に見た大町の物件が条件に合い、大家さんに改装する許可も得られたので、他を見ずに決めた。

移住の条件は、冬場に私が一人でスキー場へ通える場所であること。信州生まれの私の両親が白馬に移り住んでいるので、親の年齢を考えると、孫と一緒に遊べるいまのうちに近くに住むべきだと考えた。白馬エリアはスキーに関しては条件を満たしているし、夫の実家（東京の郊外）との距離もそれほど遠くなく、田植え、稲刈りの時期に東京へ行く必要のある我が家にはちょうど良い場所だった。

2階はまるまるカメラマンの夫の仕事場に

Q 移住までにクリアしなければならなかったこと

――仕事が閑散期となる10月に引っ越し、11月から大町で通常どおりに仕事を再開できるようにすることが必須条件だった。

移住という言葉が頭に浮かんだのが1月か2月。そこから夫が営んでいた写真スタジオの閉店作業、原状復帰作業、移住先の住居探し、自宅マンションの売却、引っ越し作業まで、やることは山積み。でも、10月に移住できなければ計画は中止と決め、時間を逆算して動き始めると、不思議なほどすべてがちょうど良いスケジュールで進んでいった。

Q 住んでみて、今どう思っている？

――楽しい！のひとこと。自然の遊び場へのアクセスが良く、職住接近であるため、天気が良ければ午前中は遊びに出て、昼には自宅に戻って午後は仕事ができる。すっかり忘れていた、20代の頃に夢見た暮らしを実践できている。

仕事（妻はピクルス屋、夫はカメラマン）の条件に合う物件ががいきなり見つかって大町に住むことになったため、十分な下調べをせずに来たが、市のサイトに書かれていた待機児童ゼロは本当で、市役所に保育園の相談に行った際、「どの園がいいですか?」と聞かれて驚いた。東京ではずっと待機児童だったので、希望の保育園、幼稚園に入れる環境は素晴らしい。

子育てのしやすさはそれ以外にもたくさんあり、病院、図書館、学校などの施設が整い、役所も近い。また、公園や山、湖などのフィールドも豊富。日々の買い物にも困ることがないので想像以上に暮らしやすい。

引っ越してきたころと比べると、子どもの顔つきが変わってきた。のびのび育っているおかげだと思う。

マイナス点としては、冬場に洗濯物が乾かない、築50年の戸建てなのでいきなり水漏れしたり、過冷却で水道から出た水が凍ったりしたことがあったが、話のネタにして楽しんでいる。

Q 伝えたいこと

――私が今住んでいる大北地域のイメージは、北アルプスと泳げる湖、川、雪と短い夏。大都市圏の生活に慣れていると、ないものが多いと感じられそうだが、すべてがそろっていたら田舎に住む意味がないと思う。ないことを含めて信州の生活を楽しみましょう。

石森美登里さん
1975年長野県生まれ。東京での会社員生活後、2011年からピクルスの製造・販売や登山関係のライターとして活動。移住後も店は持たず、主として東京の取引先へ作ったピクルスを発送しながら大町での暮らしを楽しんでいる。ピクルス屋「midolis」経営。

野菜果物のピクルスの瓶詰め。
生産者との距離が近くなったことがメリット

●

私のストレスから始まった移住計画でした。「じゃあ何を一番したいの?」と夫に言われて、とっさに出たのが「滑りたいよ」だったんです。子どもが生まれる前は、1年のうち半年

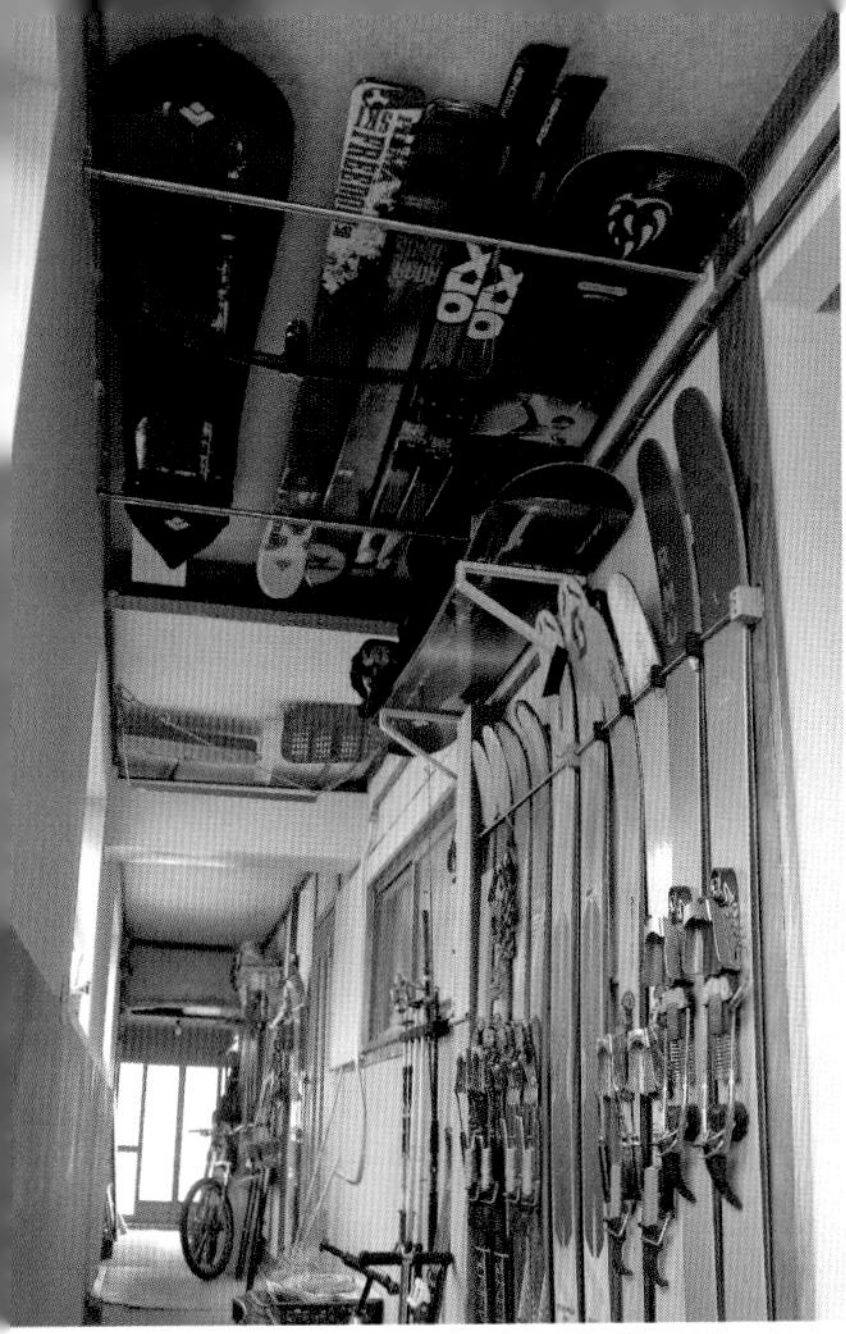

町家づくりの土間はスキー板やボードの収納にもぴったり

間、毎週のように新雪を求めて出かけていたほどでした。雪のない季節は登山や山菜・きのこ採りなど、自然の中で過ごす時間が多かった。行けなくなって初めて、自然の近くにいることが生活の一部になっていたと気づきました。

それまでは移住なんて無理だと思い込んでいました。夫は東京で生まれ育ち、長男でもある。彼の実家は農業もしていて、忙しい時期は手伝いにもいかなければならないからです。でも、東京にいなければ手伝えないわけではない。実現できる方法を考えていけば、やるべきことがわかってきますよ。

賃貸住宅を探すと、白馬は高かったのであきらめましたが、いまとなっては大町で正解だったと思います。松本や安曇野へ行きやすいのも利点です。家は賃貸ですが160平米もあり、以前の4倍の広さ。町家づくりで、2階を夫の仕事場にしています。

そしてスキー。いつでも滑りに行ける安心感からか、寸暇を惜しんでという頻度ではありませんが、思いたったらすぐ行けるのは何といっても最高です。

カメラマンの夫は移住後、ドローン撮影をするなど仕事の幅を広げましたが、自宅にいる時間が増えたことで、一家で過ごす時間を増やすことができました。夫婦や、一家で過ごす時間の少なさもストレスの一因でしたが、明らかに良くなりましたね。遊び場の多くが自然なので、余計な支出も減りました。

たまに映画を観たいようなときは、松本まで1時間程度で行けるので、不自由さを感じることはありません。

移住するまでペーパードライバーだった私も、車の移動が必須なため、運転の機会が増えました。大丈夫、慣れます。いまでは1時間程度の移動は苦痛を感じることなくできるようになり、必要があれば中央高速で東京まで走っちゃいます。

私のピクルス屋は、東京にいる時から取引先に製品を送ることが多く、大町に引っ越してもそれまでの取引先との関係が保てたので、マイナスとなることはありませんでした。むしろ生産者との距離が近くなったメリットのほうが大きいです。

少々肩透かしだったのが、人間関係で苦労するのでは、という心配です。うまく馴染めなかったり、人間関係の濃さが理由で都会に戻ってきてしまうという話を聞いたことがあるので、こちらにくるまでは地元の方々との人づきあいがうまくできるかどうか不安だったのですが、町なかにいるせいもあって空き家が多く、過疎化が進んでいるため、つきあいそのものがあまりない。車社会のため歩いている人もいないし、逆に心配になるほどです。

地元の人と知り合うチャンスが少ないハンデは、趣味などを通じた個人的なつきあいを増やしていくことで補っていこうと思っています。

File 05

“新幹線通勤”サポートで、転職しない移住を実現

東京都福生市 → 佐久市

角田 研一さん

IT企業会社員
移住時期・2017年／家族構成・夫婦+子ども2人

Q 移住を考えたきっかけは

――自分も妻も地方出身（群馬県と長野県）で、いつかは自然の豊かなところに住みたいと考えていた。親になったことで、自然環境の良い場所で子育てをしたい気持ちも強くなっていった。

Q なぜ「佐久市」だったのか

――夫婦ともに東京での暮らしを理想とはほど遠く感じていた。信州は妻の出身地（上田市）であり、群馬県からも近い。転職せずに移住したいと考えていたので、仕事を続ける上での立地条件も加味して佐久市を選んだ。行政が新幹線通勤を応援する補助制度を行って移住者を歓迎していることにも背中を押された。また、かつて留学していたエストニアにも「サク

市」という町があり、佐久市と姉妹提携をしていたことで縁を感じたことも決め手になった。

Q 移住までにクリアしなければならなかったこと

—— 新幹線で通勤を続けることが可能かどうかがカギだった。会社の上司に相談して、新幹線で通うのも、当時住んでいた東京の福生市から通うのも時間的には変わらないからやらせてくださいと直談判。佐久市が行っている新幹線通勤者へのサポート制度（一人あたり年額最高30万円、最長3年間で最高90万円）があるからだ。その後の個人負担分を加味して計算してみると、東京に住み続けて家を買ったときにかかるお金と、佐久市で同じ家を建てて新幹線通勤するのとほぼ同じ金額になるとわかったので、それならやってみようと決断することができた。とはいえ、住んでみなければ家を建てるかどうかは決められない。そこで、リスク対策として、移住当初はアパートを借り、もし地方暮らしで不便が生じたら、いつでも東京に戻れるようにした。

東京駅までは最速70分の北陸新幹線佐久平駅。
ここ1、2年、新幹線通勤する人が明らかに増えたと感じている

Q 住んでみて、今どう思っている？

—— 移住したのは大正解。東京で生活していたときより、いまのほうが充実している。佐久市からは新幹線を使えば、通勤時間も移住前とさして変わらない。しかし生活の場としての環境は断然こちらのほうが良く、駅に帰り着いた途端、仕事とプライベートの切り替えができるので、生活のメリハリができ

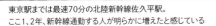

た。家族で過ごす時間も自然に増え、子育ての面でもいいことづくめ。マイナスポイントが思いつかないほどである。

Q 伝えたいこと

――候補地を下見に行き、そこで感じたことをもとに移住先としてふさわしいかどうかを考える人が多いと思う。その場合、生活者の目線で候補地を見るためにも、せめて数日間滞在し、実体験を通じて移住後の生活をイメージすることで、見えるものが違ってくるはず。たとえば行政が主催する体験ツアーの利用には、不安なことや疑問に思うことを解決できるメリットがある。わからないことがあれば、どんどん相談する姿勢が大切。

私の場合は、転職せずに仕事を続けられることを第一の条件にしていたので、当初から軽井沢、佐久、上田を念頭に置き、下見する中からどこがもっともいいかを考えていった。

これまで、転職をせず、移住後も都会で働き続けることは一般的な移住のスタイルではなかったかもしれない。私の場合も、IT系のグローバル企業に勤務しているから遠距離通勤に理解を得られやすかった面はあるだろう。

でも、2020年からのコロナ禍を経てリモートでの働き方が進めば、会社には必要なときだけ行けば良いという考え方が浸透し、業種によっては、職場の近くに住むことに大きな意味がなくなっていく可能性は高い。

この先は、仕事を辞めるという、大きな決断をしなければ移住しづらい時代から、都会で働きながら、住む場所は自然豊かで暮らしやすい田舎、というスタイルが増えていくと思う。そういう暮らし方を考えている人は、新幹線の沿線を検討してみてはどうだろうか。

角田研一さん
1980年群馬県生まれ。大学卒業後、エストニア留学を経て、東京で外資系IT企業に入社。都会の人混みが苦手なため、仕事を変えずに信州で暮らすべく会社と交渉し、佐久市への移住を実現。

●

私は海外のソフトウェア開発チームと仕事をすることが多く、そういう経験はずっと続けたいと思っていました。しかし、地方ではグローバルな仕事はなかなか見つけられないだろう。欲張りですけど、田舎にも住みたいし、グローバルな環境でも働きたくて、転職せずに移住しようと思ったわけです。上司を説得したときの決め台詞は「業務として働き方改革にも関わっている会社が、古い働き方にこだわるのはおかしいと思います。ぜひ新幹線通勤を認めてください」だったかな（笑）。

移住しても仕事への支障はまったくありません。移住前は「角田は都落ちか」などと言われたものですが、今では逆に「自分も移住を検討したい」と相談を受けることが増えました。そんなところにも人々の意識の変化を感じます。

リモートワークに大活躍の書斎からは浅間山が見える

佐久市郊外から望む浅間山。駅前の市街地と郊外の自然のバランスがいい

駅前のアパートに住んでいた1年間はいい経験になりました。たとえば寒さ。佐久市はマイナス10度になる日もあり、隙間風を防ぐために玄関ドアの新聞受けを段ボールでふさいだり、窓にプチプチを張り付けて外気の侵入を減らすなど、妻がいろいろ工夫していましたね。1年後、地元の業者さんに依頼して家を建てることにしたのですが、寒さがストレスの元になるとわかっていたので躊躇なく床暖房にしました。東京で家を建てる場合との違いは敷地の広さですね。場所は通勤のことなどを考えて、駅から10分ほどの比較的便利な場所にしました。同じ佐久市でも駅周辺などの開けた場所と里山地帯では環境が違うので、どちらが自分に合うかをよく考える必要があります。里山にはシカやイノシシなどの野生動物もたくさんいるので。

佐久市にいると時間の余裕を実感します。東京にいたときは、朝からＩＫＥＡに出かけると、たちまち渋滞。買い物を済ませて帰宅したら夕方になっていましたが、こちらでは移動が楽。浅間山までドライブして朝食後、公園をはしごすることもできるので、1日を有効に使えます。出かけたくなる場所もたくさんあり、選択肢が広い。

食生活について、野菜や果物が豊富なのは言うまでもないですが、信州が誇るスーパー「ツルヤ」が近くにあるので、海の幸にも不自由しません。ここはジャムを始めオリジナル商品が充実していて、東京から訪ねてきた人を案内すると「お土産はここでそろう」と喜ばれます。

読書が好きな私自身は、いまのところ信州ならではの新しい趣味までは発見できていませんが、妻はガーデニングを熱心にやっています。広い庭があるから可能なことで、東京にいたら絶対に持てなかった趣味でしょう。

File 06

都会と田舎の“おいしいとこどり”を狙った移住計画に実母が参戦！

東京都渋谷区 — 北佐久郡御代田町 +軽井沢町

大北 優美子さん
学校職員
移住時期・2018年／家族構成・夫婦+子供1人+妻の母

Q 移住を考えたきっかけは

——子育て環境と働く環境のよりよいバランスを追求したかった。東京の家@千駄ヶ谷が子育てするには狭すぎて、引っ越しを検討したのが始まり。合理性を求めて、都内のより広い家か軽井沢という二択まで絞った。福岡にいた実母も移住へ前向きということがわかり、東京と軽井沢の移住について両方を調べた。保育園に落選したことをきっかけに東京の選択肢を外し、軽井沢移住へシフト。御代田町の土地に母が一目惚れし購入。

Q なぜ「御代田町」だったのか

——東京駅から通勤圏内という都会からの距離感。東京での楽しみ（レストラン、ショッピングなど）にはアクセスできる距離

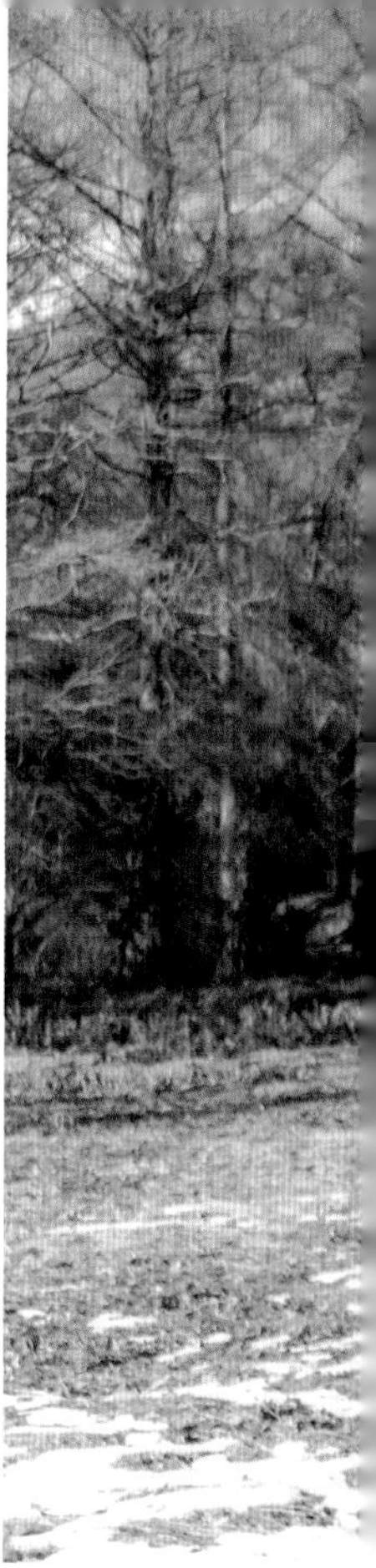

でありつつ、自然の中で子育てができる〝おいしいとこどり〟なのではないかと思った。いわゆる大人の娯楽からは遠くなってしまうが、娘が産まれてからは、そのような娯楽にそもそもリーチ出来なくなっていたので、優先順位を下げられた。

Q 移住までにクリアしなければならなかったこと

—— 仕事を見つけること。娘の預け先（保育園 or 実母）。住居。住む場所から徒歩圏内に何があるか、生活のイメージを作ること。実際にはAmazonなどもあって、日常生活に著しく困ったことはなかった。母との14年ぶりの同居への心の準備。

家の横を走る小道。
この道を挟んだ北側に浅間山の絶景が広がる

Q 住んでみて、今どう思っている？

—— 車の運転についてすごく心配していたが、東京とは異なり、人も障害物も少ないのですぐに慣れることができた。ただ、便利すぎて移動には必ず車に乗るようになってしまい、想像以上に運動不足になってしまった。

コミュニティーに入れるか、人間関係の濃厚さなどについても心配はあったが、自分のスタンスで適切な距離感を保てており、東京との大きな違いは感じない。東京で住んでいた場所と比べて、近所に誰が住んでいるかなど顔が見えやすいので、暮らす上での安心感は増している。近所のカフェでよく顔をあわせる人が、娘の成長を一緒に喜んでくれたりする近さは都会では得られにくく、とても温かく感じる点。娘にとっても、親以外の信頼できる大人が近くにいることはいいことなのではないかと思っている。

ただ、虫の問題は甘くみていた。とくに蜂の巣は大きくなってしまうと厄介。移住初年度にいろいろ対策することになった。

家を建てる場合には、暖房・断熱はこだわったほうが良いと思う。母のたっての希望で憧れの薪ストーブを導入したが、子育てをしつつ、フルタイムで働いていると、夕方の3時間に食

林のなかの土地に建てた家。憧れの薪ストーブを導入

事・お風呂・寝かしつけ・明日の用意＋火付けはハードルが高い。母と同居していれば、料理担当と火付けで分担できたが、優雅に火を味わっている余裕はないのが実情。

Q 伝えたいこと

――人生のタイミングで住み良い場所というのは変わってくると思うので、そのときどきで柔軟に考え方や優先順位を変えてみるのも楽しいのでは？　少なくとも私は〝移住〟というより、〝ちょっと引っ越し〟くらいの発想だった。

一生暮らせる場所を探そう、信州（御代田）に居つこう、と思って移住する方もいるけれど、「あ、いいな」というテンションで来てみるのもアリだと思う。実際、私のまわりでもちょっと御代田に来てみて、居心地が良いので結果的に長く住んでいる、という方もいる。

◉

東京では都心の千駄ヶ谷に住み、都会暮らしを楽しんでいました。生活に不満があったわけではありません。ただ、子どもの保育所に落ちてしまい、都心を離れようと思ったんです。なので、当初は東京の郊外も視野に入れていました。移住というよりは、子育てのできる環境に拠点を移すくらいの軽い気持ちでしたね。新幹線が使えれば、東京まで1時間で行けるエリア

地元だから見つけられた物件だという
軽井沢町の賃貸住宅

はけっこうあります。だから、那須や三島でも探したんですよ。移住フェアにも行きました。収穫は、すでに移住した方の体験談。観光シーズンに行くだけでは、そこのいいところしか見えませんから役立ちます。

それまでも何度か訪れていた軽井沢周辺は、全寮制の国際高校「学校法人ユナイテッド・ワールド・カレッジISAKジャパン」にボランティア参加していて、土地勘が多少あったこともありますが、移住話を聞いた福岡の母が計画に参加してきたのが大きいです。離れていてはめったに会えない孫のそばにいたい気持ちはわかるし、私にとっても、子どもの面倒も見てもらえる。それで一気に移住が現実的なものになった感じですね。ここに土地を買って家を建てる資金は、福岡の家を処分した母が出しました。

その意味ではありがたかったのですが、久しぶりの同居生活はなかなか大変でもありました。遠慮がない分、ぶつかることもありますし。そうしたら、今度は母がなんと再婚。ということで、近くに賃貸物件を探し、私と子どもはそちらに移りました。御代田寄りの軽井沢町ですが、近くで分かれて住むほうが、お互いにとっていい距離感が保てそうです（笑）。

仕事面では私は運よくアイザックに職を得ることができ、周囲に移住者が多いこともあって、新しい生活にもすんなり馴染むことができました。孤独感を感じるのではないかという不安がありましたが、近所づきあいもできて、夫は「東京よりこっちの友人が多い」と言っています。これまで、いかに仕事中心の生活をしてきたかということでしょうね。夫は転職せずに東京の仕事を継続しています。平日は彼の実家で、週末はこちらへ戻ってくる二拠点生活ですが、苦にする様子はありません。むしろ、メリハリがあって楽しそうですよ。

いまどき珍しく、御代田町は人口が増えているところ。湿気の多い軽井沢町の中心部から引っ越して来られる方もいます。水や食べ物がおいしいのは信州ならどこでもそうでしょうが、街場育ちで都会も好きなタイプなら、御代田町を気に入ると思います。移住後、東京へ行く機会は減りましたが、いつでも行けると思えるので気持ちの余裕が持てます。本格的な田舎暮らしはできそうにないけれど、いい環境で暮らしていきたい方は、ぜひ候補地のひとつに加えてください。

大北優美子さん
1989年福岡県生まれ。大学進学を機に東京での生活を続け、外資系の金融、IT企業に勤務。子どもの保育所が見つからないことから移住を本気で考え始める。2018年、実母も一緒に御代田町に移住。学校法人UWC ISAKジャパン勤務。夫は東京で働き、週末を信州で過ごす。

File 07

「冬は営業日を減らす」ことにしたら ストレスが軽くなった

東京都世田谷区 → 松本市 → 北安曇郡池田町

小林 雅行さん　綾子さん

パン屋・カフェ経営
移住の時期・2005年／家族構成・夫婦+子ども2人

Q 移住を考えたきっかけは

――共働き前提で借りた東京・世田谷区のアパートが、妻の妊娠によって事情が変わり、家賃の支払いがだんだん苦しくなってきたので引っ越しを考えた。そのときに、人口の多い都会より、自然が多い地方のほうが、子育てにとっても自分たちにとっても良い環境ではないかと夫婦で話し合い、そこから移住を意識するようになっていった。

Q なぜ「池田町」だったのか

――妻の友人が松本市に住んでいたので、一度遊びに来たら、山も近くに見えて、ほどよい地方都市に思えた。家賃もだいぶ抑えることができそうだったので、ここならと思い松本に移住。

しばらく暮らしたのちに、独立してパン屋を開業したいと思うようになり、自宅兼パン屋として使えそうな物件を探し、池田町に購入した。物件ありきではあったが、池田町も素晴らしい（店から見える山の風景が絶品）。松本と比べれば便利な場所ではないが、自然環境に恵まれ、子どもをのびのびと育てていけそうな点がとくに気に入っている。

Q　移住までにクリアしなければならなかったこと

——仕事の確保。以前はパンを作っていたので、松本のハローワークに行き、パン会社に決めた。仕事の目途がつけば、松本は都市部なので物件情報はそれなりに豊富。借家に狙いを絞り、ネットで見た物件に足を運んで決めた。

松本では4年間過ごした。仕事では店長を任され、やりがいもあった。ただ、ゆったりした暮らしのリズムを求めて移住したはずなのに、東京時代より忙しくなったのは誤算。このままではすり減ってしまうと感じ、パン職人として自信とこだわりも生まれていたので、思い切って独立することにした。場所は松本周辺でと考えていたが、ドライブ中に見つけた看板を頼りに見に行ったところ、ロケーションの良さに一目ぼれし、池田町に店舗兼住居の中古物件を購入した。

「bunga」の手描き看板が、北アルプスをバックに店の前を通る県道沿いに立つ

Q　住んでみて、今どう思っている？

——冬が予想以上に寒く、いまだにカラダがついていかないことがある。また、圧倒的に車社会であり、思ったより歩かないため運動不足になりがち。しかし、それ以上に良い面が多くあり、満足している！

具体的には、まず畑で野菜作りができること。東京では難しいが、こちらでは多くの方が当た

人気のぶんがパンは、
“花”をイメージしたシナモンロール

り前に野菜を作っていて、日常の一部として定着している。採れたての野菜のおいしさは最高。

犯罪など、子どもたちの危険をあまり感じたことがないのも、子育て中の親としてありがたい。都会のように、つねに不特定多数の人が町にいることがないためでもあるが、地域の方々がなんとなく見守ってくれているという安心感がある。

人口が少なく、自分たちのペースで生活や仕事ができるのも、激しい競争社会に身を置くことがストレスになってしまう私たちにとっては良かった。

Q 伝えたいこと

――下見で何度か訪れた場所でも、住んでみないと“合う、合わない”まではわからない。私たちのように、移住後に「このまま忙しくしていていいのか」という問題が発生することもある。といって、あまりにも慎重に考えてしまい、移住する気力がなくなるのも残念。そこで考え方を少し変えてみるのはどうだろう。最初から理想的な場所に移住し、仕事や環境にも満足できるとは限らないなら、信州で一度生活してみて、それから本格的に暮らす場所を決める2段階作戦にするのだ。私たちは松本を気に入って移住し、数年後に現在の物件に巡り合えたが、この物件を移住前に見ていたら、へんぴな場所にある中古物件にしか見えなかったと思う。

夫は神奈川県、妻は埼玉県出身なので東京への憧れはとくになく、仕事があるから住んでいる感じでした。それもあって、子どもが生まれてから「東京で子育てするのはどうなんだろうな」という気持ちが強くなってきたんですね。

　移住に関してどちらかが反対することはありませんでした。場所に関しても、松本が気に入っていたのと、お互いの実家からもそれほど遠くないのですんなり候補に挙がりました。あとはパン職人として働く場があるかどうかでしたが、それもクリア。東京に住み続ける理由がなくなったわけです。

　移住先の松本を離れることにしたのは、独立して店を持つことにしたからでした。松本が好きなので市内でも物件を探しましたが、予算の制限もあって断念。近郊に目を向けたときに見つかったのが池田町の築40年の物件です。県道沿いにぽつんとある家ですが、山々の眺めが素晴らしい。この景色を毎日見ることができるのか、と嬉しくなりました。

　池田町は知名度こそ高くはありませんが、移住者も多く、安曇野市や大町市と接し、松本へも気軽に出ることができます。車社会ですから、味さえ気に入ってもらえたら、お客さんは来てくれると考えました。当時、妻の両親が近くの松川村に移住してきていたので、そばで暮らすことにも意義がありました。

　松本でパン屋に勤めていた２００８年にローンを組んで購入し、開業は２００９年。石窯で焼く天然酵母のハード系パン屋で、インドネシア語で〝花〟を意味する「ｂｕｎｇａ」と命名しました。当初はパンのみの販売でしたが、現在はウッドデッキを作ってカフェとしても使ってもらえるようにしています。

　スタート時は順調で、店の営業だけではなく積極的にイベント出店をして、10年ローンを3年間で完済することができました。ただ、ずっと調子が良かったわけではありません。とくに冬の売り上げが落ち込むことが問題でした。うちでは夜間にパンを作り、早朝から焼きます。そのため、夜は8時過ぎに寝て12時過ぎに起きて仕事をするサイクルなので、余計に寒さが身に染みるのです。そうやって作ったパンが売れないと、気分が落ち込むんです。

　悩んだ末に決めたのは「冬は営業を縮小する」という選択でした。売れないものは売れないのですから、無理してストレスの塊になるより、休むことで生活の時間を増やそうと思ったのです。1年中働かなければならないという〝常識〟を見直して、自分たちが納得できる暮らし方は何かを考えることが、移住生活を充実させるコツかもしれません。

小林雅行さん・綾子さん
夫は1974年神奈川県生まれ。パン職人として修業を積み、2005年に松本市へ移住。池田町に物件を購入し、2009年に天然酵母パンの店を開業。妻は1975年埼玉県生まれ。アパレルメーカー勤務、青年海外協力隊を経て、同じく青年海外協力隊員だった夫と結婚。妊娠を機に田舎暮らしを考え始め、夫とともに移住。「bunga」では販売とカフェ部門を担当する。

1カ月間の短期移住で、人生観が変わりました

神奈川県川崎市 → 佐久市 → 南佐久郡佐久穂町

豊田 陽介さん

飲食店経営

移住の時期・2019年／家族構成・夫婦+子ども3人

Q 移住を考えたきっかけは

―― 大手食品メーカーに勤務していたが、2018年に3人目の子どもが生まれたタイミングで、1年間の育休を取り、育休中にできるチャレンジとして自然豊かな環境での暮らしを体験しようと考えた。妻の知人の紹介もあって、長野県佐久穂町に1カ月弱、短期移住してみると、水や緑や生き物といった自然、新鮮でおいしい野菜にすっかり魅了されてしまった。

このときお世話になった役場の人からは、短期移住にもかかわらず家電を借りてくれたり、地域の区長さんに紹介してくれたり、素晴らしいサポートをしていただき、移住者を歓迎する町の姿勢を感じた。関わってくれる人の温かさに触れたことで人生観が変わり、豊かさとは何かを考えるようになった。

また、短期移住中に、学校法人茂来学園大日向小学校の存在を知り（「誰もが、豊かに、そして幸せに生きることのできる世界をつくる」という建学精神を掲げ、学校そのものが理想の共同体になることを目指す、日本で初めてのイエナプラン教育に基づく小学校／同校HPより）、サマースクールを体験できたことも大きい。子どもには、このような教育環境で育って欲しいと考えるようになり、本格的に移住したいという思いが強くなった。

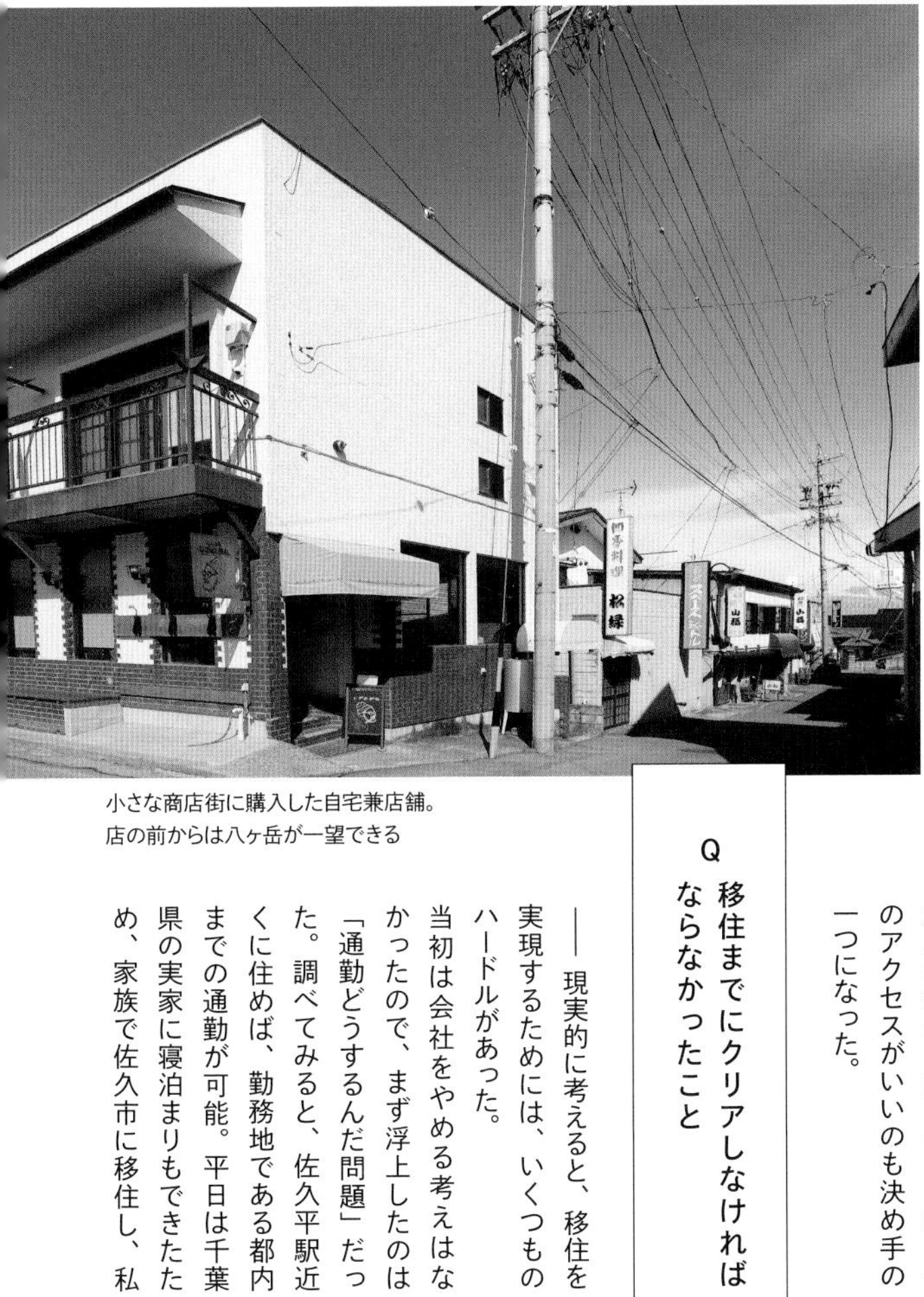

小さな商店街に購入した自宅兼店舗。
店の前からは八ヶ岳が一望できる

Q なぜ「佐久穂町」だったのか

―― 信州への憧れより、町そのものと、そこにある学校に魅力を感じていたので移住地に関して迷うことはなかった。親族や友人は都心に多いので、都内へのアクセスがいいのも決め手の一つになった。

Q 移住までにクリアしなければならなかったこと

―― 現実的に考えると、移住を実現するためには、いくつものハードルがあった。

当初は会社をやめる考えはなかったので、まず浮上したのは「通勤どうするんだ問題」だった。調べてみると、佐久平駅近くに住めば、勤務地である都内までの通勤が可能。平日は千葉県の実家に寝泊まりもできたため、家族で佐久市に移住し、私

豊田陽介さん
1979年神奈川県生まれ。2018年、育休取得期間中に1カ月の短期移住を経験。2019年1年間の2拠点生活を経て、2020年に退職して完全移住。食品メーカー勤務のキャリアと趣味のカレー作りを活かし、佐久穂町でカレー屋「ヒゲめがね」を開業した。

自身は平日都内、週末長野の2拠点生活にチャレンジしてみることに。

その結果、家族と離れて暮らすのは寂しく、つらかったが、やってみて良かったことは、自分の中での優先順位が明確になったこと。環境に恵まれた場所で家族そろって暮らすことが何よりの幸せだと実感し、移住をあきらめるのではなく、それまでの仕事を辞めて本格移住する気持ちが固まっていった。

その他にも、子どもの気持ちの整理、自宅の売却、保育園探しと仕事探しなど、クリアすべき課題はたくさんあった。細かいところでは、引っ越し代の高さ。神奈川⇅長野の取扱業者が少なく、予想外の出費となった。

Q 住んでみて、今どう思っている？

——空気が良い（子供の喘息が改善した）。のびのび遊ぶことのできる公園があり、球技をしても怒られない。野菜、果物、きのこ類が本当においしい。夏に昆虫類がたくさん獲れる（息子が虫好き）。おもしろい方々が多く、都会よりも人と気楽に出会えてつながれるなど、移住して良かった点はたくさんある。冬の寒さも身構えていたほどではない。最大の願いだった、いい環境の下で家族そろって暮らすことも実現でき、満足度は高い。ぜひ、佐久穂町を移住先候補のひとつに加えてもらいたいと思う。

褒めるばかりでは参考にならないかもしれないので、いくつか不便に感じることを挙げておくと……。

・選択肢の少なさ。なんでもある都会と比較すると、物足りなさは正直ある。そのため、必要な情報はみずから探す姿勢が大切。でも、見方を変えれば過剰な情報に振り回されることがないとも言える。

・我が家周辺はさほどではないが、里山エリアでは慣れないうちはご近所付き合いの多さが負担になるかもしれない。

・小学校も保育園も車で通う距離にあるため、家の近くに遊べる友だちが少ない。

・家やお店の改装時の、業者とのやり取りに時間がかかること。

Q 伝えたいこと

——百聞は一見に如かず、いや、百聞は〝一験〟に如かず。気になったエリアには、足を運び、できれば短期間でも住んでみて、水が合うかどうかを五感で感じることが大事だと思う。私の場合、短期移住した1カ月の間に、その土地のことをある程度知ることができたし、信頼できる知人を得ることもできたことが本格移住につながっていった。まったく知らない土地で、知人もいない中に飛び込むのはかなりハードルが高い。下見に訪れただけではわからないことを、なるべく事前に得てお

くのをおすすめしたい。
そして、〝この地域が肌に合う〟と思ったら、あとは直感を信じて動くのみ。直感が外れても人生は何度でもやり直せる。やらずに後悔することなく、自分らしい人生を送れたら最高です。

一家で移住しようと決めて、もっとも手こずったのは仕事探しでした。転職も考えましたが、何よりも家族の時間を大事にするために移住したのに、就社してしまうとその自由が得られない。じゃあ起業するしかないと思うに至りました。

　そこで考えたのが「カレー屋、やろう!」ということでした。もともと食に興味があり、カレー作りが趣味。食品メーカーにいたので知識は持っていて、スパイスマスターの資格も取得していたんです。

　もちろん妻には心配されました。でも、やりもしないであきらめるのは嫌ですから、話し合いを重ねて、とにかくやってみようと。2020年3月に退社し、4月に完全移住、自宅兼店舗となる物件を購入。すぐに開店準備に取り掛かる慌ただしいスケジュールの中、自己流だけではダメだと思い、横浜時代に通っていたカレーの名店で修業させていただきました。

　お店は現在、週4回ランチのみの営業です。生活のために稼ぐことも大事ですが、あっという間に成長する子どもと過ごす時間や、妻と語らう時間を大事にしたくて、この営業スタイルにしています。「こうありたい」姿と生活の両立ができたらワクワクしませんか? 私たちはそんなワクワクを糧に、多様な生き方のひとつとして、「こういうライフスタイルもありますよ」という事例を発信していければと考えています。

File 09

「子どもは村の宝だ」と思ってくれる人たちの中で暮らせる幸せ

兵庫県神戸市 → 木曽郡木祖村

丸山 雅さん

旅行会社社員（リモートワーク）

移住の時期・2017年／家族構成・夫婦+子ども2人

村が買い上げた古民家を改装したという村営住宅。この物件ありきの移住だったという

Q 移住を考えたきっかけは

——夫婦ともに田舎で育ったせいか、ビル群より、山・海・緑に囲まれている環境のほうが落ち着くタイプなので、いずれは都市を離れ、田舎に住みたいと思っていた。

その気持ちが具体的に移住と結びついたのは出産後。都市部で子育てをするイメージがわかず、子どもが小学生になるまでに田舎に行きたいと考えるようになった。

Q なぜ「木祖村」だったのか

——夫婦ともに、移住する地域に強いこだわりは持っていなかった。移住先の選択も、信州にどうしても住みたかったのではなく、都市部ではないところに住もうというざっくりした考えで始めた。たとえば瀬戸内の小豆島でも良かったのだが、夫の実家が松本市にあり、何度か帰省したことがあったので、信州は移住後のイメージをつかみやすかった。私の実家（奈良県）から、車や鉄道でのアクセスが悪くない点もプラス材料だった。

便利さなどを考え合わせると松本市、塩尻市が有力だが、どちらもそれなりに大きな街なので迷ってしまった。そんなとき、木祖村のサイトで移住者用村営住宅の入居者を募集しているのを知り、見に行くと、3LDKの平屋。リビングは20畳もあり、各部屋も広く、土間付きなのもおもしろい。この物件を一目で気に入り、村長や教育長の面接を受けて住めることに。

木祖村は夫の勤務先がある塩尻からも近いので日常の買い物で困ることはなく、それでいて環境に恵まれた田舎暮らしもできるので、私たち家族にとってはいいことづくめの場所だった。

Q 移住までにクリアしなければならなかったこと

── 仕事面。夫の転職先と、私の仕事をリモートワークで続けられるかどうかの調整がうまくいったことで踏み切ることができた。日本の伝統工芸が好きな夫は、塩尻の漆器販売会社の求人情報をネットで探し、比較的すんなりと転職に成功。私はそれまで働いていた小さな旅行会社の仕事を続けられたらと思い、在宅勤務したいと相談したところ、社長が私たちの事情を考慮して「OK」を出してくれたので、仕事を辞めずに移住することができた。

Q 住んでみて、今どう思っている？

── 木祖村は人口3000人以下の小さな村だが、思っていた以上に子育て世代が多く、上の子の同級生が13人、下の子が18人もいる。子どもを通じて新しい交流ができていくのがうれしい。また、近所の方が子どもを可愛がってくれるのもありがたく、地域全体で子どもを見守っていこうという雰囲気がある。村長は「子どもは村の宝だ」と言い、子育て中の新米移住者にとって心強い限り。

経済的には、家賃が半額以下になり（しかも広い）、神戸時代とは大違い。逆に予想以上だったのが、冬の光熱費がかかること。その分、5月～10月はかからないとはいえ、請求書を見て驚いた。

車は移住前から持っていたが、私自身はペーパードライバーだったので、移住後に練習して運転できるようにした。おかげで移動に不自由はしないが、運動不足になるのが悩みの種。飲食店へも車で行くので、外食時に飲めないのがちょっと悔しい。

Q 伝えたいこと

── 夫婦ともに都会ではない場所で育っているので、田舎の人間関係の近さなどは想定内だったが、初めての人から、突然白菜をもらったりすることにビックリするかもしれない。

私も移住1年目は木祖村に友人もいないし、第2子を妊娠したこともあって精神的にも肉体的にもキツかった。けれど、慣れるにつれて、距離感の近さをありがたく感じるようになった。隣近所の人が顔見知りで、子どもを可愛がってくれる環境ほど、子育てで安心できることはないと思う。

●

なんとなく移住を考えていた段階から、実現させるべく動き出すと、物事が一気に動き始めました。夫と私の仕事、住む場所、住宅、子どもの保育園など次々に判断しなければならない目まぐるしい日々。とくに重視したのは保育園。塩尻市にある夫の転職先から車で30分以内の市町村にある保育園をすべてピックアップし、その近くで住むところを探そうと思ったところで、木祖村の村営住宅の募集を知りました。募集期間が延長された直後のタイミングだったのもついていましたね。

優先順位の高かった〈職・園・住〉が順調に決まり、移住のために誰かが大きな負担を強いられることがなかったのはツイていました。もしかすると、住むエリアについては「どこでもいい」と考えていたから、迷うポイントが少なかったのかもしれません。

木祖村については予備知識がなかったけれど、いい物件が見つかり、ここに住んでみようという感じでした。私たちが移住で実現したかったのは、都会を離れたところで生活しながら子育てをしていくこと。住む場所にはこだわっていませんでしたが、子どもを宝と思ってくれる村の雰囲気を知るにつれ、最適な場所を選んだと満足しています。

私は旅行会社に在宅勤務していますが、都市を離れたことで仕事面でハンデを感じることはほとんどありません。ただ、たとえば海外旅行のパリ行きのプランをのどかな木祖村の自宅で考えていることに、当初はギャップも感じましたね（笑）。

夫の仕事が多忙であることは以前と変わりませんが、毎晩のように残業で夜遅く帰宅していた神戸時代と比べると、家族の時間も増えたし、ずいぶん健康的になったと思います。よく寝るんですよ。もともと痩せ型だったのに、こちらへきて身体が大きくなりました。

移住して良かったと思うのは、やはり人間関係の温かさです。神戸にいるときは近所づきあいもない生活をしていましたから、村のスーパーに買い物に行くと知り合いに会う今の暮らしのほうが寂しくない。コロナ禍においても、庭に花壇を作ったり、野菜を栽培したり、ここでできることをしながら楽しんでいます。

丸山雅さん
1984年奈良県生まれ。ベトナム在住時の同僚と結婚後、兵庫県の旅行会社に勤務。出産を機に田舎暮らしを考え始め、木祖村に移住。夫は漆器を販売する会社に転職し、自身は旅行関係の仕事を在宅勤務で継続中。

長野県の市町村　こんなところ

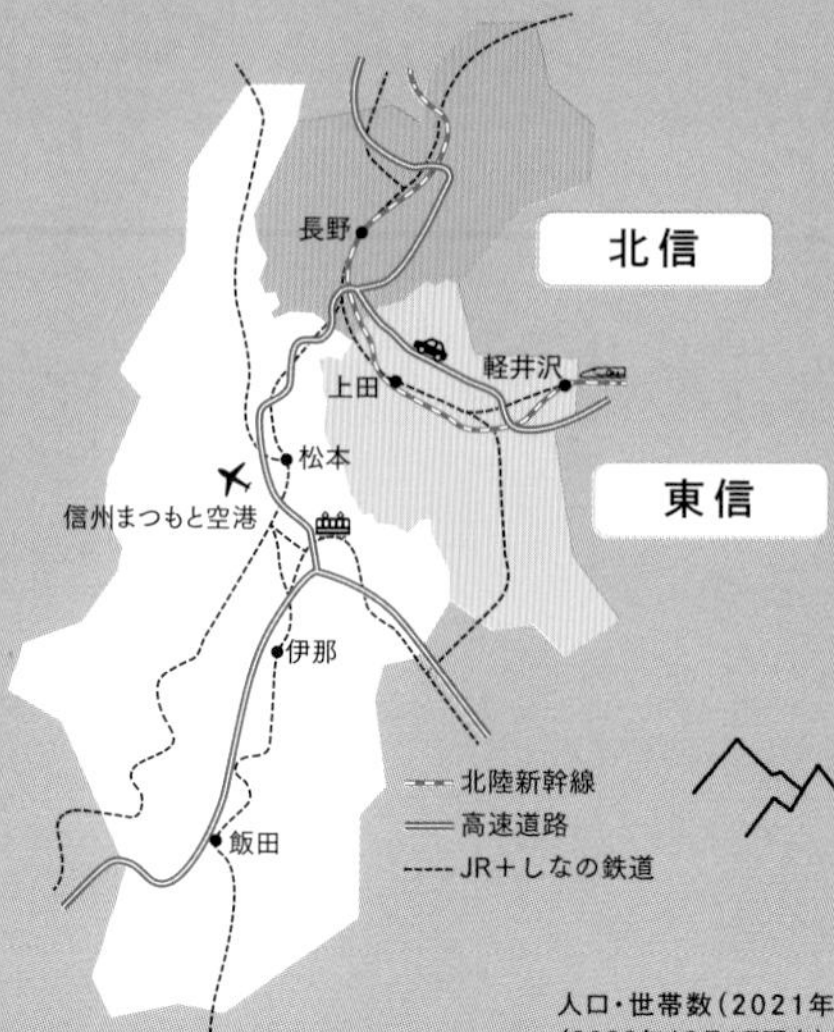

人口・世帯数（2021年1月1日現在）人口の年齢別割合
（2020年10月1日現在）ともに長野県毎月人口異動調査より

北信

		人口総数（人）	男（人）	女（人）	世帯数（世帯）	15歳未満（%）	15〜64歳（%）	65歳以上（%）	役所・役場の標高（m）
	長野市	367,942	178,409	189,533	154,599	12.3	57.0	30.7	362
	千曲市	58,775	28,479	30,296	22,265	11.7	55.0	33.3	360
	須坂市	49,432	24,317	25,115	19,194	12.3	55.2	32.5	361
	中野市	42,047	20,356	21,691	15,980	12.3	55.2	32.4	367
	飯山市	19,347	9,380	9,967	7,292	10.3	50.9	38.8	315
埴科郡	坂城町	14,021	6,919	7,102	5,616	11.1	52.9	36.0	393
上高井郡	小布施町	10,514	5,047	5,467	3,721	13.3	51.5	35.3	348
	高山村	6,535	3,204	3,331	2,332	11.0	52.7	36.2	552
下高井郡	山ノ内町	11,138	5,442	5,696	4,458	8.6	48.9	42.5	586
	木島平村	4,272	2,071	2,201	1,579	11.3	48.1	40.6	335
	野沢温泉村	3,297	1,598	1,699	1,238	11.3	50.3	38.4	509
上水内郡	信濃町	7,589	3,749	3,840	3,096	8.6	46.8	44.6	676
	飯綱町	10,170	4,934	5,236	3,824	10.0	49.0	41.0	498
	小川村	2,294	1,128	1,166	1,005	8.0	44.4	47.6	509
下水内郡	栄村	1,634	795	839	680	6.4	39.6	53.9	286

東信

		人口総数（人）	男（人）	女（人）	世帯数（世帯）	15歳未満（%）	15〜64歳（%）	65歳以上（%）	役所・役場の標高（m）
	上田市	152,653	74,737	77,916	64,648	12.1	56.7	31.2	456
	佐久市	98,341	48,062	50,279	40,527	12.7	56.1	31.2	692
	小諸市	41,140	19,972	21,168	17,142	11.8	54.7	33.6	679
	東御市	29,231	14,419	14,812	11,472	12.4	55.4	32.1	533
南佐久郡	小海町	4,283	2,093	2,190	1,797	9.3	47.6	43.1	852
	佐久穂町	10,065	4,874	5,191	3,909	10.5	49.5	40.0	744
	川上村	3,846	2,155	1,691	722	10.4	62.4	27.2	1,185
	南牧村	3,062	1,625	1,437	886	10.6	58.4	31.0	1,038
	南相木村	922	447	475	425	10.6	47.5	41.9	991
	北相木村	700	339	361	299	14.3	49.2	36.6	982
北佐久郡	軽井沢町	19,667	9,388	10,279	9,011	12.1	55.6	32.3	938
	御代田町	15,518	7,691	7,827	6,628	12.5	58.8	28.7	838
	立科町	6,705	3,346	3,359	2,716	9.5	53.3	37.2	712
小県郡	長和町	5,581	2,729	2,852	2,363	9.4	47.8	42.8	640
	青木村	4,082	1,971	2,111	1,522	12.1	49.3	38.6	555

第2章

やりたい仕事ができる

求められている技術や人材がわかった上で仕事を決めた

東京都足立区 → 駒ヶ根市

梶田　直さん

テレワークオフィスの経営・運営

移住時期・2017年／家族構成・夫婦+子ども2人

Q 移住を考えたきっかけは

―東日本大震災で東京一極集中の危うさに対する危機感を持ったこと。しばらくは考えているだけだったが、40代に入り、IT業界でのキャリア形成に対する漠然とした不安が募ってきたことで、将来を真剣に考えるようになった。長女の小学校入学と同時に、教育に対する違和感が生じたことや、自分自身も40年以上首都圏しか知らずに過ごしてきたことから、これまでとは違った生活をしてみたいという気持ちが大きくなり、地方に目が向くようになっていった。

Q なぜ「駒ヶ根市」だったのか

―10年ほど前に友人が南佐久郡佐久穂町へ移住。それ以降、友人を訪ねて頻繁に長野県を訪れるようになり、自然に囲まれ

た生活に対する憧れを持つようになった。東日本大震災以後、意識も変わっていったが、当時は明確に長野県に住みたいという願いがあったわけではなかった。現実味を帯びたのは、たまたま駒ヶ根市からテレワークオフィスをつくりたいという話が勤務していた会社に舞い込んできたため。移住の最大のネックである「仕事をどうするか」の部分が解消されたことで「これは良い機会！」と考えられるようになった。

駒ヶ根市からテレワークオフィスの話を聞いたその週に、家族で弾丸旅行的に駒ヶ根市を訪れた。「これなら生活できる！」と感じたため、他のエリアと比較検討することはなかった。

会社へは、駒ヶ根にサテライトオフィスを作る提案をしたが、「会社の事業としては難しい」と受け入れられなかった。しかし、移住の意志が固かったので、独立して駒ヶ根テレワークオフィスを立ち上げることになった。

オフィスでテレワークをする利用者たちと談笑する梶田さん

Q 移住までにクリアしなければならなかったこと

――当時の勤務先への説明と理解を得ること。両親への説明と理解を得ること。子どもたち、特に長女に納得してもらい、友人との別れ以上に楽しい生活をしっかり作れるというイメージを持たせること。住んでいたマンションをきちんと売ること。新しい学校、幼稚園（保育園）を決めること。新しい住まいを決めること。

課題はいくつもあったが、比較的すんなりとクリアすることができた。移住後に両親も駒ヶ根を訪れてくれているし、子どもたちも親の心配をよそに、新しい環境に溶け込んでくれた。マンションの売却金は、駒ケ根の新居建築費用に当てた。

Q 住んでみて、今どう思っている？

――夫婦そろってほとんど首都圏を出たことがなかったため、田舎での生活イメージがないまま駒ヶ根にやってきた。でも、暮らしてみると、生活への支障がでるようなことはほとんどなかった。「恐ろしく寒い！」とずっと脅されていたため、反対

ストーブ用の薪は原木で購入。チェーンソーや薪割り機を完備し、薪小屋も作ってしまったという

に「この寒さならまだ大丈夫！」と思えたくらい。極端に寒がりの私がそう思うのだから、たいていの人は耐えられるはず。毎日、中央アルプス、南アルプスを見ながら暮らすことのできる贅沢さ、薪ストーブのある暮らし、満員電車から解放されたことなど、良い点は数多くある。ときどきは東京にも行くが、移住後1年もすると、以前はまったくなかったのに人混みに対して嫌悪感が出てきた。

逆に苦労した点は、以前と比べると友人が少ないこと。仕事抜きで親しくつきあえる仲間を作るのは、40代ともなると簡単ではない。

特別な趣味を持たず普通に暮らしていると、知り合う機会はそれほどないのではないだろうか。とくに飲み友達がいないのは、エンゲル係数が飛躍的に下がって家計は助かるが、寂しく感じるときがある。生活面では、東京は何でも燃えるゴミで捨てられたのに、分別が細かくて参ったことや、住所とは違う地域の呼び名があり、土地勘がつかみづらいことがある。「隣組」など、それまで聞いたことがない謎の組織もあったりして最初は戸惑った。

梶田　直さん
1976年東京都生まれ。東日本大震災を機に脱・東京を考え始め、駒ヶ根市に移住。2年後、腰を落ち着ける覚悟で新居を建てた。「Koto駒ヶ根テレワークオフィス」を経営。ウェブサイトの運営など、地元の人たちへのテレワーク支援に力を注ぐ。

Q　伝えたいこと

――まずは、その土地で生活するという視点で実際にその地を訪れ、見て、素直に感じたイメージを大切にすることをすすめたい。「ここに住んでみたい」とか「ここならやっていけそうだ」という直感が働いたら、前向きに考えればいい。もちろん、逆も然り。一見良さそうでも、何か引っかかるポイントがあるならば、勢いだけで決めずに慎重に検討するべきでしょう。

駒ヶ根市は転勤族が多く住んでいて流動人口も多い。移住者を特別視するような閉鎖性も感じられず、住み心地はいいと思う。それでも、首都圏などの都市部よりは、確実に地方のほうが細かいルール（しきたりや慣例）が多い。程度の差はあれど、それはどこでも同じ。だから、地域との付き合いは移住者にとって大きなテーマになる。都会はこうじゃないとボヤくのではなく、都会のルールとの違いを楽しめるかどうか、楽しむ

薪ストーブのために建てた家のリビングからは、中央アルプスが見渡せる

気持ちを持てるかどうかが重要だと感じる。

◉

私の場合、移住先での仕事について具体的なプランがなかったら、移住はしていないと思います。サテライトオフィスを作って、転職せずに移住することはできませんでしたが、求められている技術や人材がわかった上で、こちらでの仕事を決めることができたのは大きかったですね。東京の勤務先も円満に退社でき、必要があれば応援してもらえる関係が構築できています。

飲み友だちがまだいないのは残念ですが、隣組やPTAなど、地域との付き合いを普通にこなしていれば、同年代の人たちとも知り合えるし、顔も広くなっていきます。仕事を通じて、駒ヶ根市の人たちとも関係ができるので、移住して4年程度しか経っていないことを考えれば、うまくいっているほうだと思います。

住居は、最初は賃貸に住み、駒ヶ根に腰を落ち着ける意思が固まったところで土地から探しました。慣れるにつれて、もう東京には戻らなくていいと考えるようになったんですね。

東京にいた頃はマンションしか考えられませんでしたが、こちらでは一軒家を建てることにしました。土地が広いので、平屋にしましたが、それも以前にはなかった発想です。

仕事優先で選んだ駒ヶ根市でしたが、東京へのアクセスも悪くありません。実際、環境のいい信州の町に住んでいるだけの話で、田舎暮らしと言われてもピンとこない(笑)。ネットの時代でもあるので、昔のような不便さはなくなっています。ぜひ一度、どんなところか体感しに来てください。

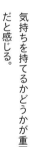

File 11

肩の力を抜いて、がんばりすぎない

千葉県木更津市 → 南佐久郡小海町

高橋　涼さん
地域おこし協力隊
移住時期・2019年／家族構成・夫婦

Q 移住を考えたきっかけは

―― 仕事や学校、趣味などと同じように、住む場所も自分で選びたい。千葉県に生まれたから、ずっとそこに住むのではなく、もっと自分に適した環境があるのではないか。そういう思いを2013年くらいから抱き、移住フェアに参加したり、現地に足を運ぶようになった。当時の漠然とした候補地は、三重県全域、北海道美瑛町、同富良野町など。

Q なぜ「小海町」だったのか

―― 地域おこし協力隊のミッションとして、やりたかったデザインの仕事があったのが大きい。さらに、移住フェアで話を聞いたときから手ごたえがあり、現地を訪ねたときには案内してくれただけでなく、面接ま

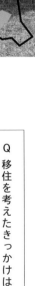

でセッティングされていたので、「面倒見のいいところだな」と決心しやすかった。

その他のチェックポイントとしては、趣味のクライミングと登山をより楽しめる点。町のサイズや距離感。スーパーやコンビニ、病院など生活に必要なものが近い距離にそろっていて、温泉や自然なども同様に近い。市街地の佐久市へも車で約30分で行けるので不便さを感じなかった。また、実家のある千葉県へのアクセスが車で3時間、東京へは新幹線利用で2時間程度なのも気に入り、ほとんど小海町のことを知らないのに、ここに住もうと決めることができた。

住んでいるのは日当たりのいい3DK

デザインを担当した温泉施設の顔出しパネルと高橋さん

Q　移住までにクリアしなければならなかったこと

―― 両親への説明と、妻の退職手続き（自分は移住に備えて、すでに仕事を辞めていた）。移住先の住宅探し。妻の運転免許取得。

Q　住んでみて、今どう思っている？

―― 小海町はおろか長野県に行ったことすらなかったが、移住後1年経ち、予想以上に馴染むことができている。移住前の木更津ではペットボトルの水を買っていたが、水道水がおいしいのでその必要がなく、地元の人にすごい量の野菜をいただくので、食生活はむしろ豊かになった。冬の準備や買い物は多いが、春から秋は快適な気候。小海町は降雪量が少なく、雪に慣れていなくても大丈夫。地元の方の人柄も温かい。

Q　伝えたいこと

―― 事前の調査でむやみに現地へ行っても、観光客目線でしか見ることができず、生活情報が

得られにくい。先に移住フェアで情報収集してから下見に行くことをすすめたい。自治体の担当者に現地を案内してもらえるなら、その仕組みを活用したほうが断然いい。

仕事面では、地域おこし協力隊だからといって「早く結果を出さねば」と焦ると、気合いが空回りしがちになる。肩の力を抜いて、移住先のペースに合わせた活動をしていくのがベター。

これは人間関係にも言えることで、張り切って地域コミュニティーに参加しすぎると、忙しくてマイペースが保てなくなる。知り合いの数を増やすことより、一人でいいから信頼できる地元の人を見つけると、地域のことがわかるだけでなく、いざというとき相談ができる。

JR小海駅の2階にあるコワーキングスペース。使い勝手の良さが気に入っている

●

２０１９年６月に夫婦で移住しました。仕事でも私生活でも、これまでにないほど濃厚な時間を過ごしている実感があります。幸運にも、トラブルに見舞われることもなく、小海町を選んでよかったと思う日々です。失敗の中から多くのことを学んだ、という話ができれば、移住を考えている人の参考になるのでしょうが、これといった不満がないんですよ。だから、どうしてうまくいったのかを自分なりに考えてみることにします。

いつかは千葉県以外で暮らしてみたい。素朴な動機で移住を考え始めたのは２０１３年頃からで、旅行を兼ねて候補地探しをしていました。心の準備という意味では無駄ではありませんでしたが、決定的だったのは２０１９年１月、移住フェアで小海町の方に話を聞いたことです。そこでは、同世代の役場職員の方から旅行では得られない生活情報を聞くことができました。このとき、地域おこし協力隊でデザイナーの募集をしているのを知り、興味が湧いてきたんです。

　その後、現地を訪れて案内してもらったのですが、行ってみたら面接まで組み込まれていました。驚きましたが、より具体的な話ができたのは収穫でした。縁も感じていたし、この段階で小海町のことが気に入っていたので決断は早かったです。妻も移住には賛成してくれていたので、すぐに具体的な行動をとることができました。信州は候補に挙がったこともなく、本命は三重県だったんですけど（笑）。

　移住にあたってもっとも重視していたのは仕事です。大学卒業後、地元の千葉県で販売員、専門紙の記者をしていましたが、本気で移住先を探すため、前年の11月に退職。職種でも収入面でも納得できる仕事を見つけることが必須条件だと考えていました。

　デザイナーには以前から興味があり、実務経験はなかったものの、デザインソフトを使う程度のことはできたので、一気に前向きな気持ちになってしまいました。現在は、チラシのデザインや移動スーパーのラッピング、温泉施設の顔出しパネルなど、頼まれた仕事をこなしながら実践的にデザインワークを覚えている最中ですね。妻も町の臨時職員として働くことができています。

　収入については、千葉にいた頃より低くなりました。それなのに満足度が高いのは支出も減ったから。なんと移住して以来、貯金が増えています。とりたてて倹約しているわけじゃなくて、必要ないものがわかってきたんですよ。

　たとえば、以前はたくさん買っていた洋服も、こちらへ来てからはほしいと思わない。日々の細かい買い物もしたいと思わない。だからお金が残ってしまう。期間限定ですが、庭付き3DKに家賃タダで住めるのもありがたいですね。

　プライベートでは、蕎麦を打つ会と、そこで知り合った方に誘われた山歩きにハマっています。おじいちゃん、おばあちゃんに山のことを教えてもらいながら、かわいがってもらえる。自分自身も楽しいですし、嬉しいですよね。田舎はつきあいが多いので、客観的に自分のキャパシティーを考え、つきあいの範囲を整えるのが大事だと思います。肩の力を抜いて、がんばりすぎないのがコツです。

　地域おこし協力隊として活動できるのは3年間なので、グラフィックなどのデザイナーとして独立するのが当面の目標です。仕事が軌道に乗ればこの先もずっと小海町で暮らすかもしれませんが、もしかしたら信州のほかの地域に引っ越すかもしれない。30代になったばかりで、先々のことを決めつけてしまうとフットワークが悪くなりますから。ただ、その場合も、小海町で得た経験や人との縁を大事にしていきたいです。

高橋　涼さん
1990年千葉県生まれ。
社会人になったころから移住を考え始め、移住フェアでの出会いをきっかけに、地域おこし協力隊員として小海町に移住した。現在、グラフィックなどのデザイン業務を担当。妻と二人暮らし。

仕事?環境?
それとも夢の実現?
移住先選びには
優先順位が大切です!

千葉県流山市 → 上伊那郡箕輪町

ルーカス 尚美さん

ゲストハウス&カフェ経営

移住時期・2017年/家族構成・夫婦

Q 移住を考えたきっかけは

―― 実家は千葉県。東京で派遣社員として働いていたが将来が不安だった。結婚後に夫の仕事の都合で海外に4年間住む経験をして、東京暮らしより、自然豊かなところで起業してみたいと考えるように。イギリス人の夫も同じ意見だったので、夫婦で意見を出し合いながら、ゲストハウス&カフェというアイデアをまとめていった。また、畑で野菜を育てたりニワトリを飼ったり、半自給自足の生活にも興味があった。

Q なぜ「箕輪町」だったのか

―― 移住の目的はゲストハウス&カフェの開業。「その場所は海か山か」と考えたとき、海辺には住んだことがあるから山にしようと夫婦の意見が一致。イギリスにも千葉にも高い山がないので、山への憧れがあったのかもしれない。それに加えて、先のことを考えたとき、親に何かあったときすぐに帰れない場所では困ることから、長野県が候補地になった。箕輪町の移住担当者から「うちの町にはゲストハウスがないのでぜひ来てください」と誘われたことにも背中を押された。

雄大な中央アルプスを望む立地。
広い庭でニワトリ5羽を飼い、
畑で野菜を作る生活を楽しんでいる

Q 移住までにクリアしなければならなかったこと

―― 最大の課題は、ゲストハウス開業に見合う家が予算内で見つかるかどうか。夫婦ともに無職の時期だったため、なるべく早く行き先を決めたかった。箕輪町に候補となる物件が見つかってからは、私が運転免許を取得し、車を購入。食品衛生責任者の講習を受けるなど必要な準備を進めていった。遊んでいる余裕はなかったので、仕事も探すことにし、担当者に相談したところ、地域おこし協力隊を募集していると教えられ、「観光」と「移住定住促進」のうち、自分がやりたいことと関係の深そうな「観光」を選択。一般的に多くみられる仕事↓地域型ではなく、地域↓仕事型の移住。2017年、夫婦そろって

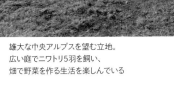

箕輪町に引っ越す。

Q 住んでみて、今どう思っている？

── 水回りやカフェ用のキッチンなど開業するための改修に300万円くらいかかったが、希望通り、山の景色が見える家と畑が見つかったのでよかった。箕輪町は環境がいいだけではなく、人が温かく、よそ者にも優しい。皆さん仲良くしてくれるので、人づきあいがラク。3年間の任期を終え、2020年3月にゲストハウス&カフェを本格稼働。住宅地で開くということが住民の方々に受け入れてもらえるか、喜んでもらえるか、不安もあるが、自分たちが楽しんで暮らしていくことが一番だと思っている。

Q 伝えたいこと

── 仕事なのか、環境なのか、夢の実現なのか。私の場合はゲストハウス&カフェを持つことだったが、移住先選びに優先順位があると「ここはいい」「ここじゃない」が見極めやすい。その上で、北信・東信・中信・南信で風土も習慣も違う信州の各地へ、いろいろ足を運んでみたほうがいいと思う。私たちも七二会、信州新町（ともに長野市）、山ノ内町など、興味のあるところはどんどん見に行った。事業を起こす目的があればなおのこと、比較検討の材料は持っておきたい。気候の面では、南信は暖かいのがいいところ（信州にしては）。メジャー観光地がひしめく中、箕輪町のある伊那谷はマイナーな土地ですが、来てみると気に入ること間違いなしの素敵なところです！

◉

情報収集は移住フェアで行いました。振り返ってよかったと思えるのは、ぼんやりと場所探しをするのではなく、ゲストハウス&カフェをやりたいという目的がはっきりしていたことですね。候補地は全部で13カ所見て回りました。

中山間部には安い物件もあったんです。1軒100万円とかね。だけど、そういう物件は修繕費が高くつき、結局そんなに安くはできません。

資金は手持ちの貯蓄で賄うつもりだったので、限られた予算の中で最善の場所と建物を見つけなければなりませんでした。箕輪の物件は水回りのほか、天井などはプロの手を借りましたが、自分たちでできるところはDIYでやっています。宿泊は6名まで。こじんまりとした宿で、要望があれば食事も提供するスタイルです。

家を購入して、開業するまでの間、私は地域おこし協力隊員として働き、夫はできれば農業などをやるのが希望だったので

すが、需要があったので英会話講師の仕事をしばらくしていました。

夫婦で「蕎麦クラブ」に参加して、打ち方を習ったりもしています。趣味で人とつながれますし、私にとって蕎麦打ちは、お客様をもてなすための勉強でもあり、ゲストハウスに泊まるゲスト達にも体験させたいと思っています。

地域おこし協力隊では、いろんな人と知り合うことができました。箕輪町の長所は、観光地ではない分、地域の文化や習わしに魅力があるところ。私たちのゲストハウスでは、外国人観光客を中心に、田舎暮らしに興味がある日本人の方にも箕輪町を紹介したいと考えています。

いま移住を考えている人には、常会（地区をさらに細かくグループ分けした世帯の集まり）費や町の行事への参加など、都会にはないシステムを面倒がらないでと言いたいです。もし、人づきあいが苦手なら、移住者や会社員が多く住むエリアで住む家を探すのがいい。そういうところは人づきあいもサラッとしています。逆に、オープンな性格の人は古い集落でもやっていけると思います。

私はもちろん後者。こちらがオープンだと、皆さんも心を開いてくれる気がします。昔から住んでいる方と話すと町の歴史や昔のエピソードが聞けておもしろいです。

２０１９年の秋、地域おこし協力隊の任務もあと半年というときに開業することができました。半年間は試行錯誤しながら週末限定のカフェ営業を行い、任期が終わった２０２０年３月、これから頑張るぞというところでコロナ禍に見舞われました。

でも、移住していたおかげで、春は畑の作業に行けたし、ご縁があって梨農園を借りて梨の生産にも関わることができました。海外のお客様がいつから日本に来れるようになるか見通しはつきませんが、まずは身近なお客様に喜んでもらえるようにしていきたいですね。

接客業は経験があるので、仕事に対する不安はありません。問題は経営者として私たちってどうなのかということ。お金の管理など、課題も山積みです。だけど、そんなことも含めて楽しんでいきたい。部屋から雄大な山々を眺めているとしみじみと思うんです。こっちへ越してきて良かったって。

庭の畑では野菜を作り、２匹の猫やニワトリたちも家族の一員。こんな生活、都会ではまず叶わなかったことですから！

ルーカス尚美さん
1972年千葉県生まれ。結婚後、イギリス人の夫とともにマレーシア、タイで4年間生活。帰国後、都会を離れてゲストハウス&カフェの開業を目指すべく、地域おこし協力隊員として箕輪町に移住。2020年、念願を叶え、「LongHills Eco Guesthouse&Cafe」をオープンさせた。

「将来は果樹園を持ちたい」と
目標が定まったとき、
スイッチが入った

東京都葛飾区 → 中野市

関　良祐さん

果樹農家

移住の時期・2014年／家族構成・夫婦+夫の父

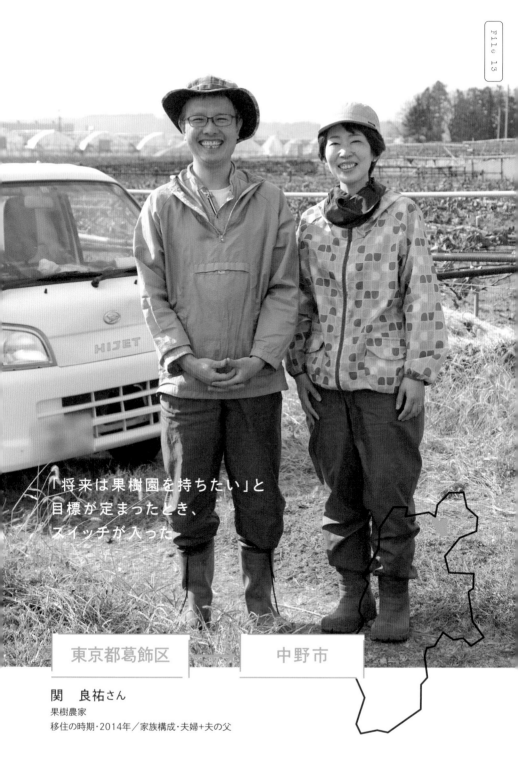

Q 移住を考えたきっかけは

―― 農業とは縁のない生活をしていたが、2011年に千葉の親戚の家で野菜の収穫を手伝ったとき、農業の楽しさとやりがいを感じ、移住をして農業を仕事にしたいという思いが強くなった。東日本大震災で、東京で暮らし続けることへの疑問、漠然とした不安が生じていたことも、気持ちが変化した一因だったと思う。

Q なぜ「中野市」だったのか

―― 東京にいたときから長野県へは何度も来ていて、山の緑や自然の豊かさが大好きだった（都会にないものが長野県にはある）。それに加え、都心からの交通の便が良く、果樹栽培が盛んで、新規就農者への支援体制が充実していた。「なんとなく農業がしたい」からスタートした移住計画を「果樹園」という具体的なものに絞ったことで、場所探しに迷いがなくなった。東京に出やすい北信がいいと考え、須坂、小布施、中野など、ぶどうの栽培が盛んな地域を候補地として考えた。その中から、賃貸物件が見つかった中野市に移住。農地を借り、果樹栽培を開始。住居と農地を優先した移住地探しだった。

矮化栽培のりんご園で収穫作業をする関さん

Q 移住までにクリアしなければならなかったこと

―― 家族の理解を得ることが重要だったが、妻も賛成してくれたことで、移住への気持ちが固まった。親からは反対・心配されたので、移住計画書を作って説得。

ずぶの素人が果樹園などできるのか、自信がなかったので、いきなり移住するのではなく、農業体験を通じて結論を出すことに。長野県が運営する「長野県農業大学校研修部」（1年間）に申し込み、学校のある小諸市の研修宿舎で寝泊まりしながら、栽培技術や農業機械の取り扱いの基礎を学ぶことにした。

この〝プチ移住体験〟を経ることで、信州の気候や生活環境を確認。冬の寒さや生活のしやすさなど、気になる点を実感できたことで、移住後の生活が想像できるようになった。

作業場で出荷の準備。りんごだけでも、ふじや紅玉、シナノゴールドなど7、8種を作っている

Q 住んでみて、今どう思っている？

――一言でいえば、移住して大正解。サラリーマン経験しかなかった自分が、さしたるトラブルもなく順調に果樹園をやれているのは、県や市の手厚いサポートと、大学校の先生の指導、自分たちを受け入れてくれた中野市の方々のおかげだと思っている。

鳥のさえずりに癒やされ、見上げればトンビが優雅に空を飛び、高い建物がないので虹が端から端まで見える。また、晴れているときは北信五岳（飯縄山、戸隠山、黒姫山、斑尾山、妙高山）はもちろん、遠くは北アルプスまで望めて、自然の雄大さを感じる日々。都会の便利さはなく、飲みに行く機会は激減したが、仕事を終えた後の晩酌がとても幸せになった。一人前の農家になれるか不安だったが、２０１９年、長野県のシャインマスカットコンクールで最高賞（農林水産省生産局長賞）を受賞することもできた。

中野市は雪が多く、ぶどう棚の雪下ろしが大変なことは覚悟していたものの、やってみるとやはりハード。ブログやSNSのネタにすることで乗り切っている。

現在はJAを通じた販売が6割、イベントや通販を使った直売が4割。リピーターのお客様を増やすことによって、直売の比率を上げ、ゆくゆくはすべてを直売できるようにしていきたい。

Q 伝えたいこと

――農家を志して信州への移住を考える人は多いと思うが、人生のターニングポイントだけに、勢いだけで突っ走らず、事前準備に力を入れて欲しい。移住フェアや相談会には家族で参加して気持ちを共有させることも大事。候補地を四季を通じてよく見て、移住後の生活をイメージしておくこと。移住コーディネーターや先輩移住者の体験談も参考にし、不安な部分を解消するように努めたい。

私の場合、「長野県農業大学校研修部」に入ったことで道が開けた。移住を意識し始めてから行動に移すまで約3年かかったが、長すぎたとは思わない。

右も左もわからない素人が農家になるにはどうしたらいいか。これが私の課題でした。でも、たくさんの不安材料を抱えていたことが慎重さにつながったのでしょう。わからないことがあったら、そのつど農業大学校の先生や行政の担当者に相談する習慣が生まれました。やる気があればなんとかなると甘く考えるのは危険です。

学校で学んだことは役に立つだけではありません。私の場合は、家探しも先生がつきあってくれ、北信合同庁舎に相談にいく際には同行までしてくれました。そこで紹介された里親農家（農業研修生の受け入れをしてくれる農業者）で1年間の実地研修を受けることができ、より実践的な技術を学ぶことができたわけです。家探しも、里親農家の親戚に空き家があると教えられたことで決まりました。家賃無料の好条件です。

住まいと畑を同時に見つけることができなかったので、空いている畑があるかどうか不安だったのですが、「地元の人と知り合いになれば話が入ってくるよ」と言われていた通り、ぶどう農家から35アールの一部成園（畑の一部分に果樹の成木があり、初年度から販売収入が見込める）を借りることができました。

私たち夫婦は、ご近所さんに挨拶を欠かさないことくらいで、特別なことは何もしていません。しかし、果樹園を志して移住した人が中野市に少なかったのか、いい意味で噂になり、応援してもらえたのだと思います。

ぶどうは巨峰など10種以上、りんごは7、8種、ほかにプルーンを栽培しています。直販を考えると品種が多いほうがいいんですよね。初年度から収穫高はまずまずで、ここまでは順調にやってこれました。

地区の集会、お祭りなど、都会にはなかった風習に戸惑う人がいるようですが、顔を出すことが大事だと考え、わからないなりにその場にいることを心掛けています。信州の人は日本酒が好きですよね。酒の席での盃の返杯は永遠に続くのかと思うほどです。私はそこそこ飲めるので大丈夫でしたが、酒に弱い方はびっくりするかもしれません。だけど、この人は飲めないんだとわかれば無理強いはされませんのでご安心を（笑）。

関　良祐さん
1976年東京都生まれ。アウトドア関連会社に勤務していた2011年、親戚宅での野菜収穫で農業に興味を持つ。2014年、小諸市での研修を経て中野市へ移住。ぶどう、りんご、プルーンを栽培する果樹農園「信州中野つどい農園」として着々とファンを増やしている。

村の人を見ていると、"足るを知る"という言葉を思い出すんです

東京都渋谷区 → 下伊那郡根羽村

杉山 泰彦さん

地域プロデューサー

移住の時期・2018年／家族構成・夫婦+子ども1人

Q　移住を考えたきっかけは

――人とのつながりのある暮らしがしたくて、たとえば鎌倉など、自然やオーガニックを重視したライフスタイルのできそうなところを探していた。田舎志向だったわけではなく、東京の谷中なども候補地として考えた。そんなとき、会社のプロジェクトで関わっていた根羽村の人たちの〝生きる力の強さ〟に感銘を受け、ここなら自分たち夫婦が望むライフスタイルが実現できるのではと考えた。

Q　なぜ「根羽村」だったのか

――担当者として東京から村へ通った2年ほどの期間に、自ら移住して〝村民〟となる発想が生まれていった。地域の魅力を楽しむためには、ここに暮らし、村の人々に馴染むほうがいいと思った。しかも、それは自分の求めるライフスタイルに近づくことでもあった。念頭にはまず移住のことがあり、その次に仕事。テレワークを活用すれば根羽村にいながら働くこともでき、プロジェクトにとっても有益であると会社の代表にプレゼンすると、小さな組織だったこともあり、快く理解を得ることができた。信州に憧れていたわけではないので、他の地域と比較検討するようなことはなかった。信州最南端にあって便利な場所ではないが、逆にその不便さがいい。仕事も確保できているし、自分が果たすべき役割がありそうな根羽村に住みたい、という考え方だった。

日当たりもよく、広々とした村営住宅

Q　移住までにクリアしなければならなかったこと

――仕事の整理、妻と未来ビジョンを共有するためのコミュニケーション。

Q　住んでみて、今どう思っている？

――「郷に入れば郷に従う」という言葉があるように、移住して自分のやりたいことをするためには、地元の人のやりたいことを優先することが大事だと実

管理を担当する宿泊施設まつや邸で。
パソコンに触る時間は東京にいる時より減ったという

感している。自分が不安なら、村の中に移住者がくることを不安に思う人もいる。その方たちに受け入れてもらうには、言葉で説明するのではなく、行動と成果で示すしかない。支え合いが大事なので、行事に参加する、消防団に入る、あたりから始めればいい。とにかく閉じていてはダメ。地域プロデューサーとしては、村の人が気づいていない根羽村の魅力を、外に向けて発信していきたい。お年寄りたちの〝生きる力〟のエキスをもらって、それを仕事に生かすつもりでやっている。

Q 伝えたいこと

── 信州のことはよくわからないが、場所よりも「自分がどう生きたいか」をまず突き詰めることが大事だと思う。誰と、どういうところで、どんな時間を過ごしたいか。そこをはっきりさせることで、具体的な場所が見えてくる。仕事をどうするかも考えられる。それがもっとも実現できる環境が信州であれば良いと思うし、そうでなければ地球のどこでも良いと思う。

移住後も、最初によく考えたことがそこでの暮らしのベースとなるはず。憧れだけで移住するのは移住が目的になってしまう可能性があって、住み始めた後に困るかもしれない。根羽村は人口900人未満の小さな村で面積の92%が森林。高齢化率は53%の高さだが、近年は移住者やUターン者も増え、有志で「根羽新聞」を作るなどおもしろくなってきている。雪が少ないので、冬はそれほどつらくない。東京から車で約5時間と不便だが、その環境をおもしろがれる人にとっては魅力あふれる地域だと感じてもらえるだろう。◉

移住して1年になりますが、大きなトラブルもなく、きて良かったなと思っています。会社が運営する宿泊施設「まつや邸」の管理を始め、地域を盛り上げるのが仕事ですが、暮らしと仕事が一体となった生活が理想ですね。村営住宅に住み、行事に参加し、〝村民〟のひとりとして暮らすことが、そのためのベースになると思っています。僕は主に仕事で人とつながり、妻は村の女性たちとつながっていく。おかげで輪がどんどん広がっています。

移住後、娘が生まれたのですが、周囲の見る目が、腰を落ち着けて住むつもりなんだという

ふうに変化した気がします。子育ても楽しみですね。田舎で育てると、村中のおじいちゃん、おばあちゃんに抱っこされ、とても優しい子どもに育ってくれそうです。

根羽村は交通アクセスも悪いし、都会風の遊び場もありません。でも、自然環境や人との距離の近さは都会にはない長所。都会から離れているからこそ、今日まで維持できたものがあると僕は考えています。人々の暮らしぶりにもそれは現れています。村の人を見ていると、〝足るを知る〟という言葉を思い出すんですね。与えられた環境を生かして生活し、それ以上欲張り過ぎないんです。

移住後は家族と過ごす時間が劇的に増えました。心の余裕が生まれましたね。収入は会社から得て、家賃は3分の1、住居の大きさは倍。外食が減り（飲食店が少ない）、通勤時間はなくなりました。会社のある東京とのやり取りはリモートで行うため、上京の必要もありません。つきあう人も、渓流釣りの名人だったり猟師さんだったりするので、都会育ちの僕にとっておもしろい人ばかりです。昔から林業が盛んな地域で、山で切った木を運搬する方法を誰もが知っている。こういう、村の人があたり前のこととしか思っていない技術や知恵こそが、得難い財産だと思うんです。

では、自然豊かな環境で暮らしていると、仕事のストレスとも無縁になることができるのか。残念ながらそんなことはないんですよ（笑）。夜遅くまで働いたり、納期に苦しむことはやっぱりあります。

都会の情報に触れられなくなるため、「社会から取り残されないだろうか」と不安になったりもします。自分と同世代がどんな考えを持ち、どんな力をつけているのかと思うと、不安になってしまう。他者と比較して自分の良い点、悪い点をとらえる癖があるので、それができないストレスなのでしょう。もしも将来、もう一度都会でバリバリ働きたくなったとき、ついていけるんだろうか。真面目な性格なので、ついつい悩んでしまうんです。

これは、移住してから仕事で怒られることがほとんどなくなったからかもしれません。ダメ出ししてくれる上司がそばにいないので。そのため、自分のやっている仕事のレベルがどの程度なのかわからなくなってしまう。もう少しどっしり構えられるようになりたいですね。

このように、仕事面では課題もあるのですが、あのタイミングで移住したことに後悔はありません。仕事はあくまで生活の一部で、もっと大切なのは、ライフスタイル。自然の中で生きる知恵を習得して無理なく生きる日本人らしい生き方は、地方にいてこそ実現しやすい。根羽村はまさにそういう場所だと思います。

杉山泰彦さん
1991年愛知県生まれ。小・中学生時代をアメリカ・シアトルで過ごす。大学卒業後、2014年に株式会社CRAZYに入社。そこから生まれた地方創生事業の株式会社WHEREに2017年より参画。20ほどの地域プロデュースに関わったのち、2018年に根羽村へ移住。株式会社WHEREより出向という形で根羽村役場に籍を置き活動。2020年、「一般社団法人ねばのもり」設立。

人生の半ばを過ぎて思った。
夢を叶えるタイミングは
今かもしれない！

神奈川県川崎市 → 下高井郡木島平村

中村 文絵さん

宿経営
移住時期・2018年／家族構成・夫婦

Q 移住を考えたきっかけは

── 20代の頃、旅行が趣味で沖縄の波照間島をよく訪れていた。そこには、いつも決まって泊まる宿があり、その宿の雰囲気や、集まる人々がとても好きだった。そこへ何度も通ううちにいつしか自分もこんな居心地のよい宿をやりたいという夢を持つようになり、長年その夢を心の中で温めてきた。

神奈川県に住み、四半世紀以上東京で会社勤めをしてきて、あるときふと「人生100年と言われるけれど、会社を退職した後、どうなるのだろうか」と思い、70歳80歳になるまで自分ができること、夢中になれることはないかな、と考えるように。そして、若い頃から温めていた「いつか宿をやりたい」という夢を叶えるタイミングは今かもしれないと思い、移住の準備を始めた。

戦前まで酒蔵だったという母屋のたたずまい

Q なぜ「木島平村」だったのか

――私の場合、物件ありきの移住と言えるかもしれない。以前から伝統建築や日本独特の生活文化が好きで、古き良き日本の貴重な財産を守るためにも古民家を活かしてみたいと考えていたからだ。

首都圏から訪れやすい宿ということで、千葉県から古民家の物件を探し始めたが、なかなかピンと来る土地や物件に巡り合えず、次に信州の古民家を探してみた。東京からのアクセスが良い東信から調べ始めたが、条件が合わないためあきらめ、範囲を広げてネットで物件を探し、現地へ足を運ぶことを繰り返した。そして、木島平村で運命的に、理想の古民家と出会うことができた。

この場所の、信州を象徴する山を一望でき、自然豊かで、戦前まで酒蔵だったというたたずまいと、前家主さんがこの家をとても大切にされていた想いに惹かれたのだ。また、新幹線の駅から近いという条件にもぴったり（飯山駅から車で約10分）だった。

よく、木島平はスキー場以外何もない農村…と言われる。でも私は、とくに都会で暮らす方にとっては最高の癒やしの場、と思っている。これは〝よそ者〟だからこそ気づく、地元の良いところではないだろうか。

移住という夢を果たした現在は、我が家に来ることを目的に木島平を訪れてもらえるようになることが、これからの夢となった。

Q 移住までにクリアしなければならなかったこと

――住宅購入や開業資金の調達、宿の設計・建築、旅館業・飲食業の免許取得などを同時並行で進めた。古民家の購入を決めたのが2017年12月。勤務先を辞めたのが2018年6月。同時に木島平村へ移住。同年11月末に「窓月まつしまや」を開業するまでめまぐるしい感じだったが、有給休暇を使っては現地を訪れ（保健所や消防署には何度も通った）、冬の到来に間に合わせることができた。

中村文絵さん
群馬県生まれ。大学入学とともに上京し、都内のメーカーに就職。社内結婚の夫とともに神奈川県で暮らしていた。都会の生活も好きだったが、昔からの夢をかなえるため移住を決意。28年間勤めた会社を辞めて木島平村で古民家の宿「窓月まつしまや」を営む。

親は最初は反対していたが、今となっては理解し協力してくれている。同じ会社で働いていた夫は、私の夢を応援すると言ってくれ、同時に退職。司法書士の資格を生かすため、長野市の会社に勤務しつつ宿をサポートしている。

Q 住んでみて、今どう思っている？

——田舎は近所付き合いが大変だ、と聞いていたが、木島平の中島地区の皆さんには、とても親切にしてもらっている。祭などの集まりも盛んで、宿泊のお客様も参加。もちろん、地域の役割分担は大変なところもあるが、それも含めてお世話になっている。また、村内には予想以上に移住者がいて、困ったときに相談できる人がいることも心強い。

広い信州の中でも奥信濃は雪深く、覚悟していたとはいえ、雪かきがこんなに大変だとは思わなかった。初めて迎えた2018年の冬は、雪が降るたびに泣いていた。

食べ物では、おそばがおいしいものの、この近辺では、夜に外食できるお店がかなり限られてしまう。また、運転代行があまり数がなく、車社会においてお酒を外で飲むのがかなり難しいといったあたりが悩み。移住したら生活費が減るかと思っていたが、水道・電気・ガス・ガソリンという基本的な生活インフラ費用は想定以上に高い。トータルで考えると±ゼロ。

野菜がおいしい、水がおいしい、泣けてくるほど感動的な景色がそこここにある。これは想像をはるかに超えるレベル。

Q 伝えたいこと

——信州・長野県は、移住者をとても大切にしてくれ、さまざまな支援をしてくれる。人材育成にこれだけ熱心なのは、教育水準が高い信州だからなのでは？さまざまな制度は市町村によって差があるものの、問い合わせれば、県も村も職員の方が懇切丁寧に教えてくれる。また、首都圏の方は、アンテナショップ「銀座NAGANO」へ行きましょう。親身になって相談に乗ってくれます！

新しい生活を始めることは不安もあるけど、想像していた以上の楽しいことや感動が日々あって、きっと新しい自分に出会えるはず。

そうそう、車社会ですので、移住前から運転に慣れておくことをお忘れなく。できれば雪道にも。

●

夢をかなえたいと思った当初、夫を巻き込むつもりはありませんでした。無理して私に合わせることはないでしょう。それで「私は移住すると決めたけど、あなたはどうする？」と聞いたんです。そうしたら「もちろん一緒に行く」と言ってくれて。うれしかったですね。

夫の勤務先は長野市内の会社で、高速を使って片道45分かかります（高速代は会社が9割支給）。定期収入があることは大きな支えになりますね。宿のサポートもしてもらっているので、夫には感謝しかありません。

気をつけているのは人づきあいです。仲良くなりたいし、みなさんの顔を覚えたい。こちらでは、寄り合いには男性しか出てこないのですが、うちは夫婦で参加するようにしています。おかげで近所の人から野菜をいただけたりして嬉しいです。遊びに来た友人からは「移住する前よりいい人になってきた」と言われました（笑）。

「窓月まつしまや」は蔵を改装して使っていただいています。2室、各2名までで1日最大4名のお客様をお迎えするシステムです。それ以上となると十分なおもてなしができなくなってしまうことと、かつてお世話になった波照間島の宿のように、居心地の良い〝場〟になっていければと考えています。

いまのところは元同僚など、東京の知人が多く、目立った宣伝もしていません。連日予約が入るわけじゃないので、お客様のこない日が休日ですね。

そんな様子を見て心配してくれたのか、地元の方に「ランチをやりなさい。行くから」と勧められ、昼間の営業を始めました。おかげで、地元の方と知り合う機会が増えました。みなさん、優しいんですよね。

移住には苦労を伴う面もあるかもしれませんが、人生の半ばを過ぎて、まったく違う人生を新たに始められるなんて素敵なことではないでしょうか。迷っている人には、「やってみたら？」と声をかけたいですね。

「まつしまや」という宿の名前は旧酒蔵の屋号から付けた。家に残る古い家具や道具もインテリアとして使っている

きたときは「ひとり」でしたが、いまでは家族が「3人」に増えました

神奈川県川崎市 → 上伊那郡中川村

根津 修平さん

農業会社社員、全日本スキー連盟スタッフ

移住の時期・2012年／家族構成・夫婦+子ども1人

Q 移住を考えたきっかけは

——東京での商業カメラマン生活に悩んでいたとき、大学時代の恩師から、中川村のグループホーム「麦の家」での写真作品制作を勧められたこと。短期間での撮影ではなく、ケアスタッフとして働き、直接的な人間関係を築きながらの撮影スタイルに、チャレンジする価値を感じた。

Q なぜ「中川村」だったのか

——学生時代、スキー部であったため、野沢温泉に入りびたり、信州に馴染んでいた。また、社会福祉学科だった関係で、中川村にも実習で数カ月の滞在経験があった。その当時は恩恵を感じることのなかった、荘厳な中央アルプスの山景色に、改めて訪れたときに温かみを感じて

心が動いたが、決め手となったのは、恩師の「うちにきて、うちの老人の写真を撮ったらええんや」という言葉だったかもしれない。

Q 移住までにクリアしなければならなかったこと

―― 当時、写真業界と自分の生活のバランスが崩れていたので、障壁は少なかった。ただ、急な話だったし、うまくいくかどうかわからない。そこで、パートナー（現在の妻）には川崎にいてもらい、単身で移住した。恩師の世話で借りた山奥の空き家は携帯電話の電波も届かない環境だった。自分ひとりのうちはそれでも何とか耐えられたが、その後、子どもを授かり、結婚し、妻を呼び寄せることになると、不便な住環境が問題に。運転免許を持たず、妊娠中でもあった妻に難色を示された。そこで、空き家のあった中川村村営住宅（家賃5万円台／100㎡、国道沿い、近くにコンビニあり）を借り、2台の車を購入して、家族で暮らせる環境を整えた。

林のなかに建てた家。テラスの水場は子どもの作品。あちこちの木には手作りの巣箱がかかる

Q 住んでみて、今どう思っている？

―― 人はそう簡単に変われるものではなく、生活スタイルや地域活動などすべてにおいて、結局は自分のやり方しかできない。だから、移住先ではいかにしてマイペースを保ち、地域の人や隣人たちとつかず離れずの距離感を保って生活していくかが重要になってくる。それは移住者だけの話ではなく、受け入れる側にとっても同様なのだろうと感じる。

地域の人が自分たちをどう思っているのかと不安を抱くのは当然のこと。信州人はまじめで、集合時間の30～15分前に到着するのは当たり前。2分遅刻したら、待ち合わせの相手が帰った後だったこともある。でも、心配し過ぎても仕方がない。時間を守る、挨拶ができる、草刈り

家中を見渡せる書斎でリモートワーク。子どもの「秘密基地」も“併設”されている

に参加する。この3つができれば大丈夫。その他、地域活動についても、説明が足りなかったり、保育園、小学校の古風なしきたりにも驚かされることがあった。でも誰にも悪意はなく、私が保育園の保護者会長を務めた際、新しい提案をすると、驚きながらも受け入れてくれる人がたくさんいた。

村民とIターン者の価値観の相違も経験してきた。最初はその違いにびっくりしたり、嫌だなと思ったりもしたけれど、自分のスタイルにこだわりすぎず、村の考え方に耳を傾ける姿勢も必要だと思う。自分のスタイルを守りながら、参考になる点

根津修平さん
1973年東京都生まれ。中高生時代をアメリカで過ごす。カメラマンとして活動しながら、スキーコーチの勉強で3年間フィンランドに滞在。移住後は農業（上伊那農産で経営・管理）、スキー（全日本スキー連盟クロスカントリーチーム セクレタリー）と、自分にできることをして生計を立てている。

や、正しいと思えることは取り込んでいく。たとえば、私は移住直後、自然農に憧れ、農薬に対する拒否感が強かった。しかし、現在は現代農業を行う上で、除草剤と上手に付き合って、商品価値を落とさずに安全性を高めるのにはどうすればいいかを考えるようになってきた。ベストな方法を見つけるのは難しくても、少しずつ近づいていけるようになりたい。

Q 伝えたいこと

―― 雑誌や広告でファッション系の写真を撮ってきたが、カメラマンとしての将来性への不安から、勢いだけで移住した。ダメだと思えば戻るなり、別の場所を探せばいいという考えだった。そんな私が皆さんに伝えたいのは「思い立ったら行動あるのみ！」ということ。よく知らない土地に行くとなれば、不安になって当然。マイナス面を考えすぎると動けなくなる可能性が高い。結果は後からついてくると気楽に構えることで、プラス面に目が向き、前向きな気持ちになれる。

私は都会に長く暮らしたけれど、いまではまったく都会が恋しくなることもない。移住直後は不便さを訴えていたミュージシャンである妻も、いまでは東京へ行くたびに「人が多くて疲れる」と言ってます！

●

認知症の方のケアと、写真の作品制作活動として始まった移住生活ですが、子どもの誕生を機に方向転換し、子どもが食べる食材を作る仕事が、食べていくための仕事となりました。上伊那農産の社員として農業に従事し、3年前から全日本スキー連盟でクロスカントリーの強化と普及に力を注ぐように。リモートワークで国際会議や遠征に参加し、コロナ禍になってからはWebを使ったコーチングの企画・主催も行っています。

メインは農業になります。カメラマンからの転身でしたが、農業は心身ともに性に合っているようで、田畑にいるのが気持ちいいんですよね。ひとつの仕事へのこだわりがなかったのが、逆に良かったのかもしれません。現在は6町歩の農地を管理してます。

地域の方とも順調に親しくなっているんじゃないかな。村の人はうわさ話が大好きなので、悪いほうに出ると大変ですが、「根津は雨が降っても草刈りしてるぞ」みたいなうわさだと評判がよくなります（笑）。

おかげで地域の人と土地との縁が繋がり、銀行にも信頼されてきたので、融資を受けて2018年に山林を借り、約300坪の敷地に家を建てました。森の生活という感じですけど、最寄駅から200メートルの道路沿い。携帯もつながるし、光ケーブルもきています。

中川村にきたときはひとりでしたが、いまでは3人に増え、家族との生活を第一に考えるようになりましたね。もちろん、とても満足しています。

 中川村地域政策課むらづくり係　〒399-3892 上伊那郡中川村大草4045-1　tel0265-88-3001

File 17

保育園を作る目標を叶えた。
収入は減った。
でも、満足してます

東京都多摩地区 → 飯山市 → 下高井郡山ノ内町

山崎 龍平さん

保育園長・保育士

移住時期・2014年／家族構成・夫婦+子ども2人

Q 移住を考えたきっかけは

―― 育ちが山梨県で自然が豊かだったこともあり、東京での人混みや自然の乏しさに嫌気がさしてきたころ、東日本大震災を都内で経験する。災害時の都市の弱さや原発事故による放射能汚染を目の当たりにして、地方への移住を考え始める。結婚を控えたタイミングでもあり、子育てや、「保育園を作りたい」という将来の夢に向かって「どこでどう生きるか」を真剣に検討。自分らしく生きるには？ 子どもが育つために大切なこととは？ それらを考えれば考えるほど、東京にいる必然性は感じられなくなっていった。

Q なぜ「山ノ内町」だったのか

―― 出身地である山梨県内への移住も当初は考えていたが、いい場所はリゾート開発っぽいところが多い。夫婦とも、できるだけ都会から離れたい気持ちが強かったので、それならいっそのこと、「がんばらないと東京には行けないところ」にしようと思いついた。妻の実家が飯山市で、それまでにも年に何度か通っていた、信州の四季の移ろいの豊かさに心を惹かれた面もある。

若い保育士夫婦なのでたいしてお金があるわけでもなく、とりあえず妻の実家を頼り飯山に移住。ハローワークで見つけた牧場の仕事をしながら、夫婦の夢を叶えるための拠点探しを始めた。牧場のある北志賀高原の周辺エリアに魅力を感じて築120年の家を借りて住むことに。20年間も空き家だったので、大部分を自分たちでリフォームした。改装費用は約100万円。広い家の一部を使い、子育てサロンとして念願だった保育園事業を開始した。

Q 移住までにクリアしなければならなかったこと

―― 東京を離れることや、時期は早いほうがいいという点について夫婦の意見が一致していた。当面は妻の実家にいさせてもらえることにもなり、問題は仕事。保育士としてのキャリアを生かすことより、東京ではできない仕事として牧場を選んだ。内容は主に牛の世話で、3年間働いたが、自分にはとても合っていた。

Q 住んでみて、今どう思っている？

―― 豪雪地帯なので、雪国での暮らし全般は心配だった。実際、大変な思いをしたこともあったけれど、すべてが生きる知恵となっている。除雪機のお

飼っているヤギと

園児たちは自分の畑を持っていて、
それぞれが植えたいものを自由に育てる

かげで除雪は簡単にできる。古い家のため雪下ろしは必須だがいまのところ楽しめている。雪は春になると消えるし、雪があるからこそ春の訪れが心から楽しみな、豊かな暮らしがあるのだとわかった。

古民家のセルフリノベーションは、想像以上に手間も時間（1年以上）もお金もかかった。断熱をしっかりしないと古民家はかなり寒いので注意が必要。

田んぼも畑も初めて自分でやってみた。ゼロから作物を育てるのは大変だが、採れた野菜も米も最高においしい。化学肥料や農薬を使わない循環式農業の実践を試みて、日々学びの連続。ただし、雑草がすぐ伸びて、草刈りは思っていた以上に重労働だ。

金銭面では東京にいたときと比べると収入が減り、正直苦しいところもある。やりたいことをする、のびのびと子どもが育つといった良い面と、どちらを取るかだろう。私の場合は、東京にいたときは精神的な疲労が強かった。こっちでは肉体的な疲労こそ多いが、精神的なストレスは大幅に減った。食べ物も水も酒も、すべてがおいしく、経済的不安を差し引いても満足度が高い。

Q 伝えたいこと

――「何もない」は「何でもある」。私たち夫婦には保育園という目標があったので余計にそう感じたのかもしれないが、田舎には大きな可能性がある。なければ作るの精神で、居心地の良い環境に変えていけることは多いと思う。やってみたいことはどんどん発信してみよう。けっこう何でもできる！

また、そうすることで人とのつながりも生まれやすい。移住で大事なのは何といっても人との出会い。出会いという財産を元手に、夢がどんどん叶っていく。逆に言えば、人との出会いやつきあいを面倒に思う人は、移住するにしても都市部のほうがいい。

子どもがいる方に伝えたいのは、子育てには子どもが子どもらしくいられる田舎が一番だということ。大人も童心に帰れる。信州には自然体験に特化した保育施設もあり、県がそれを応援している。

移住したいけれど不安もあっ

て、という気持ちはよくわかる。けれど、「何とかなるでしょ！」という楽観性も大事。考えたり憧れているだけでは何も変わらない。不安はありつつも、一歩踏み込んだ人にしかその先は見えないのだから。

◉

子どもの少ない地域で保育施設をやっていけるのかと心配だったのですが、都会でない地域でも、自然の中でのびのびと豊かな経験をして育つことを重視する親御さんが一定数いることがわかってきました。その方たちが求める子育てのお手伝いをする、そんな気持ちで仕事に取り組んでいます。地域の家族と知り合える仕事なので、自然に顔も広くなっていきました。また、自宅でやっている保育園は珍しいということで、地元ローカルテレビの密着取材を受けたりして、それがPRにもつながっています。宣伝費なんてかけられないので、ありがたいですね。

　それでも1年目は経済的に厳しく、4年日でようやく収支がトントンというところです。パートさんへの支払いなど、出ていくお金もバカになりません。住んでいる場所で仕事ができることや、役場の移住定住係の手伝いをすることで多少なりとも地域貢献できるようになってきたことなど、ここで暮らした成果のようなものも生まれてきているので、お金のことは先の楽しみにとっておきましょう（笑）。

　私も妻も田舎育ちで、都会の喧騒より森や林、里山の風景が好き。四季がはっきりした山ノ内町は気に入っています。家族が元気で、ヤギも飼って、楽しく暮らしながら少しずつ経営を安定させていければいいという考えですので、あせらずやっていきますよ。

山崎 龍平さん
1986年山梨県生まれ。大学進学を機に上京し、保育士として働く。保育園をつくるという目標達成のため信州へ。妻の実家で暮らした後、山ノ内町で認可外保育施設「里山ようちえん おやまのうち」を開設。

20代前半で移住。最初は人との関わりの濃さが衝撃でした

東京都江戸川区
↓
栃木県芳賀郡益子町 → 南佐久郡北相木村

染谷 友輔さん

森林組合職員

移住の時期・2013年／家族構成・夫婦+子ども2人

Q　移住を考えたきっかけは

——フィールドワークを学んだ専門学校の同窓会に出席したとき、お世話になった先生から北相木村にある材木店で求人があると紹介された。当時は陶器で有名な栃木県の益子町で林業をしていたが、そこでの暮らしに満足していたわけではなかった。いい話があれば移住や転職をしたいと考えていたので求人に応募し、北相木村に移住することに決めた。

Q　なぜ「北相木村」だったのか

——信州が好きで移住する人と違って、私の場合は転職先が信州にあったので移り住んだ形だった。北相木村に行ったのも面接時が初めて。2013年の2月か3月に面接をし、5月の連休明けには引っ越し。決まっていたのは仕事と住むところだけで、何も知らないままやってきた。20代半ばの勢いもあったのだと思う。いま振り返ると、もう少し下調べをしてから移住すべきだったかもしれない。それでも、新しい職場が恩師が勧めてくれた会社だったことや、林業経験もあったことから、不安を抱えての移住ではなかった。あのタイミングで移住しなければ、東京に戻ってまったく別の仕事をしていただろう。あくまでも仕事優先で決めた移住だったが、すんなり決断することができたのは、夫婦の実家がある東京や神奈川県との距離が比較的近いからでもある。新幹線も通っているので、何かあったらすぐに実家に帰ることができることで安心感を持てた。

Q　移住までにクリアしなければならなかったこと

——私は東京生まれの東京育ちで、以前住んでいた益子町は仕事をする場所という意識。神奈川県出身の妻にも賛成してもらえたので、障壁となるものはとくになかった。住居選びもスムーズで、私が移住した2013年は北相木村へのIターンのはしりだったため、できたばかりの村営住宅のなかから好きな部屋を選んでいいと言われたくらいだった。

Q　住んでみて、今どう思っている？

——北相木村に来て一番驚いたことは、行事や消防団活動など、それまで経験したことのなかった形での人との関わりが増

えたことと、その頻度の高さ。これには衝撃を受けた。村の人口は７００人ほどだが、行事は住んでいる地区の道普請や慰労会から、スポーツ大会や文化祭といった村全体のものまであり、時期によっては立て続けになにかしら参加している状態。東京の実家は江戸川区で、近所づきあいは濃い地域。人づき合いの耐性は高い方だと思っていたが、どう馴染んでいいのかまったくわからず、移住してすぐの時期は顔と名前を覚えるためにメモを取っていたのを覚えている。

でも、慣れていないことで生じる不安は時間が解決してくれた。移住者にとって、行事に参加することは地域の人と親しくなるチャンスでもある。酒席は多いが無理強いされるようなこともない。顔や名前を覚えられれば、別の場所で会った時でも会話しやすくなる。私の場合は、２０１４年に消防団の大会の選手になったことで、競技を教えてくれたり、話しかけられたり、「染ちゃん」と呼んでくれる人もできて、気が付いたら壁を感じなくなっていた。

仕事に関しては、就職した会社

の社長が高齢で続けられなくなったが、村からの紹介で森林組合に転職することができた。こちらへきてから子どもも2人誕生。村営住宅で暮らし、地域の人に見守られながら自分たちのペースで生活できるようになった。妻も隣村で事務職の仕事に就き、夫婦の収入でやりくりしつつ子育てを楽しんでいる。

Q 伝えたいこと

――どこの市町村に移住を考えているかによると思うが、小さな町村に移住を考えている方に伝えることがあるとすれば、やはり他では味わえない濃密な人との関わりがあるということ。最初は戸惑うことが多いと思うが、いったんその関わりのなかに入ってしまえば、これほど楽しいところはない。仕事仲間や子どもつながりだけではなく、地域のあらゆる人たちと交流できるのは、小さな町村で暮らす醍醐味だと思う。その意味で、私たち家族にとって、北相木村への移住は幸運だったのかもしれない。

逆に人間関係が苦手だったり、興味がない方にとっては、距離の近さや濃密さが苦痛になることも多いと考えられるので、そういうタイプの人こそ慎重に下調べをして欲しい。小さな町村への移住より、市街地や、移住者の多い地域を選ぶほうが快適な暮らしができる場合もある。無理をせず、程良い距離を保ちながら移住生活を送ることも可能なのだから。移住地探しをするなら、優先順位の上位にそのことを置いておくと、失敗のリスクを減らせると思います。

●

東京で生まれ育ちましたが、むしろ都会の人混みは苦手で、栃木県に行ったのも農業をやってみたいと思ったからでした。林業に携わったのは、ハローワークで仕事を探すと、栃木県芳賀の森林組合が働き手を募集していたからです。そこでは木の剪定や調査を担当しました。

移住を考えるようになったのは、芳賀地区森林組合の仕事が期間雇用で、雇用期間が終了するタイミングで北相木村の材木店を勧めてもらったからです。益子も住みやすくて良いところでしたが、妻となる女性と同棲していたので、北相木村への移住には、彼女と一緒に新天地に向かうという気持ちもありました。

家族が4人に増えたいまは、地域の方々にも受け入れられている実感があり、自分なりに充実した生活ができていると思います。仕事も、親切な先輩方が多いので、教わりながら身に着けていくことができました。

北相木村は便利なところではありませんが、保育園も小学校も役場も村営住宅から歩いていける距離で、一帯は「北相木銀座」と呼ばれています（笑）。近郊の町である佐久にも出やすく、さほど不自由を感じることはありません。下見がてらきて、候補地のひとつにしていただけたら嬉しいです。

染谷友輔さん
1991年東京都生まれ。栃木県で林業に従事し、2013年、よりよい仕事を求め夫婦で北相木村へ移住。一度転職し、現在は南佐久中部森林組合職員。

File 19
就農を目指して
できるかぎりの準備をしたので
悔いはないです。
千葉県成田市（妻）
愛知県豊明市（夫）
上伊那郡飯島町

堀川 さちさん

農業と農家レストラン経営

移住時期・2012年（夫は2017年）／家族構成・夫婦+子ども2人

農家レストランにつながる農園では四季折々の野菜を栽培している

Q 移住を考えたきっかけは

── 育児経験をきっかけに身近な「食」の安全性に興味を持ちはじめ、将来の不安に対して「どのようにすべきか?」「何をすべきか?」を「此(場所)・戸(家)・個(人)・小(物)」という『こ』のレベルで探ることが大切だと思うようになった。

一方、夫は40代の前半頃から退職後の自分の行先を考え始めるようになっていた。当時、BSE(牛海綿状脳症)、無登録農薬などの問題が起こり、国の礎である「食料」の安定的な供給に不安を感じるようになったことから、夫婦ともに都市部での生活に危機感を覚え、〝安住〟を求める気持ちが高まった。

2011年3月11日、東日本大震災が発生。大地震や、それに伴う福島第一原子力発電所事故をきっかけに、都市脱出へ向けての動きが加速していった。

Q なぜ「飯島町」だったのか

── 夫婦双方の実家のある場所が愛知県と神奈川県なので、地図上で中間的な位置を候補地とし、豪雪地帯でなく、自然豊かで景観のよい場所を探した。また、交通の便と地域の将来性も参考にした。飯島町に決めたのは、町全体の農地を〝自然共生農場〟と位置付けて、化学肥料や化学合成農薬をできるかぎり削減した環境にやさしい栽培方法により、安全・安心・おいしい・新鮮な農産物を消費者に提供しようという取り組みを行っていたため。夫婦でよく相談し、就農地として移住を決断した。

Q 移住までにクリアしなければならなかったこと

── ◎先に妻が移住

2012年、妻が子どもとともに先に飯島町へ移り、夫は飯島町へ通いながら愛知県で仕事の整理や就農への準備をした。5年後の2017年、完全移住。

◎必要な資金の算出と計画

ファイナンシャルプランナーと相談して保険、資金運用な

どを見直し、移住を成功させるべく節制して貯蓄に励んだ。また、保険・年金などの行政手続きや家の建築に必要なことを調べ、移住計画書、建築計画書などを作成。土地の購入に向けては、土地購入計画書を作成し、地元の不動産会社と相談しながら、土地購入の準備を進めた。

就農に向けては、長野県農業大学校などで研修を受け、有機栽培計画書、栽培各論、新規就農計画書などを作成。起業に向けて創業スクールなどを夫婦で受講し、起業計画書を作成。両親や家族には、移住計画が具体化した後に説明。移住のタイミングを、長男と次男がそれぞれ、中学校・小学校に入学する時期に合わせ、周囲の理解を得た。

◎行政機関への手続き

退職、移住、土地購入、家の建築、就農、起業などにあたり、町役場、学校、法務局、消防署、保健所、税務署などに様々な手続きをした。

移住にあたって作成したさまざまな計画書。就農や起業に向けた行政機関向けの書類も多い

◎資金の借入

町の農政係、農業改良普及所、地元の金融機関と相談しながら、日本政策金融公庫から無利子で資金を借りた。

Q 住んでみて、今どう思っている？

―― できる準備はしたので、移住に対してとくに不安なこと、心配することはなかった。ただ、すべてが思い通りに進んだわけではない。

土地購入に際し、「農振除外」の許可がなかなか下りなかったり、家建築の際には、土地調査の結果、地盤改良が必要となり、予定外の出費がかかったりした。また、行政機関への手続きは、家の登記をはじめとして、手間と労力がかかった。毎年の「確定申告」も事務作業が大変ですが、忙しくはあっても健康的に過ごしているし、移住

「農振除外」とは
利用が規制されている農用地区域内の農地を住宅等の用地として利用したい場合に行う、農業振興地域整備計画の変更手続きのこと。除外は必ずできるものではなく、必要な要件を満たしていない場合、協議の過程で不適当とされる。

後は、多くの方に声をかけていただいている。今では、さまざまなグループに参加して地域活動をし、事業の認知度も少しずつ上がってきた。

移住して良かったことは環境の豊かさと、その恩恵にあずかれること。たとえば、栗園や公園などから薪ストーブの燃料となる剪定木や伐採木を無償で頂けるため、「暖房費」がかからない。町内の湧水（越百の水）を無償で使うことができる。農業に関しても、無農薬でもそれなりに野菜が収穫でき、多少の失敗もあるが、経験を重ねることで売り上げを大きく伸ばすことができている。

少しがっかりしたのは、町内に有機農業者が少なく、地元農家による有機農業者に対する理解度も低いこと。JA直売部会の資料によると、直売所への約半数の出荷者が農薬を使用していないはずだが……。農地を〝自然共生農場〟と位置付けるのであれば、有機農業をやる・やらないはともかく、理解を広める努力はもっと必要ではないかと思う。

Q 伝えたいこと

―― やるかやらないか迷ったら、やってみましょう！ 不安や迷いは、行動することで小さくなります。人が食べなければ生きていけないことは〝運命〟ですが、何を食べるかは、その人の〝意思〟。同じように、人として生きることが〝運命〟ならば、どのように生きるかは、その人の〝意志〟なのだから。

田舎暮らしの醍醐味は、自分の頭で考えて行動できること。食事、趣味の追求、野良仕事…生きることを自分で考えるからこそ、そこに喜びが生まれてくる。見るもの、聞くもの、触るもののすべてを創造的な「もの・こと」に結びつけることができる人は、きっと、苦労より幸せの方が勝ると思う。

ぜひ、あなたのビジョンをしっかり持って、一歩踏み出してみてください。

◉

それまでの仕事を辞め、終の棲家を建てるとなれば、なんとなくの移住ではなく、悔いのない移住にしたいものです。私たちの目標は自然に優しい有機農法での就農と、農家レストランの経営でした。

レストランも思いつきではなく、家を建てる前から計画し、そのように設計しました。農業も飲食業も未経験からのスタートですからそれなりの苦労はありますが、自分で選んだ道として納得し、充実感を得ながら暮らしています。いまのところ農業だけで食べていけるほどの売り上げではないので、妻は病院、夫は福祉施設にパート勤務しながらですが（笑）。

農家レストランは1日に一組限定で旬の農作物を味わってもらいます。わざわざ遠方から来られる方に「おいしい」と言ってもらえると励みになりますね。

堀川さちさん
神奈川県生まれ。和食アドバイザー、薬膳コーディネーター、マクロビオティックセラピスト、書道師範。夫とともに循環的な自給生活を目指し、耕す調菜人として農業、農家レストラン「すみれ自然農園♥食堂」を経営。2022年から中高生向けの農泊を開始予定。

長野県の市町村　こんなところ

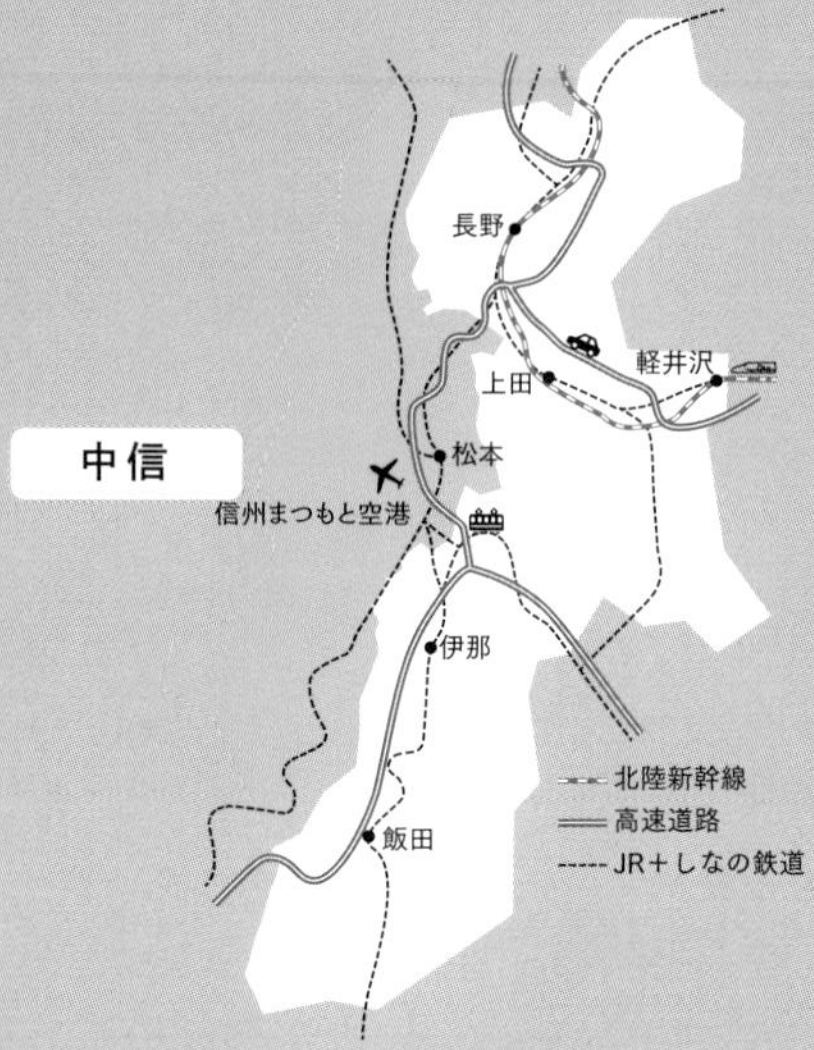

人口・世帯数（2021年1月1日現在）人口の年齢別割合
（2020年10月1日現在）ともに長野県毎月人口異動調査より

中信

		人口総数（人）	男（人）	女（人）	世帯数（世帯）	15歳未満（%）	15〜64歳（%）	65歳以上（%）	役所・役場の標高（m）
	松本市	239,414	117,667	121,747	103,919	12.7	59.1	28.2	592
	安曇野市	94,029	45,298	48,731	36,558	12.1	55.8	32.1	548
	塩尻市	66,254	33,021	33,233	27,864	12.3	58.7	29.0	711
	大町市	25,949	12,587	13,362	10,911	9.7	51.4	39.0	726
木曽郡	上松町	4,086	2,011	2,075	1,722	9.4	48.1	42.5	710
	南木曽町	3,875	1,865	2,010	1,611	10.6	46.0	43.5	411
	木曽町	10,464	5,114	5,350	4,726	8.8	48.4	42.7	771
	木祖村	2,633	1,196	1,437	1,021	10.5	46.0	43.5	922
	王滝村	731	353	378	382	5.5	51.3	43.3	944
	大桑村	3,420	1,683	1,737	1,521	8.3	48.2	43.5	538
東筑摩郡	麻績村	2,562	1,222	1,340	972	9.4	45.5	45.1	628
	生坂村	1,644	816	828	663	10.0	47.3	42.7	519
	山形村	8,269	4,048	4,221	2,935	13.5	57.4	29.1	687
	朝日村	4,272	2,106	2,166	1,460	12.1	55.3	32.6	792
	筑北村	4,134	2,048	2,086	1,695	7.5	46.4	46.2	655
北安曇郡	池田町	9,342	4,504	4,838	3,626	9.7	50.5	39.9	634
	松川村	9,628	4,611	5,017	3,631	11.2	54.0	34.9	613
	白馬村	8,633	4,322	4,311	3,710	11.0	56.3	32.7	701
	小谷村	2,605	1,331	1,274	1,140	10.1	50.8	39.0	516

第3章

都会脱出

“ポツンと一軒家”で暮らしたくて、キャンプ場のオーナーになってみた

神奈川県横浜市 → 小県郡青木村

滝上 智也さん

貿易業・キャンプ場経営
移住時期・2018年／家族構成・夫婦

Q 移住を考えたきっかけは

――登山やスノーボードが好きで、以前から自然豊かなところで暮らしたい憧れがあった。

また、２０１１年の東日本大震災で都会のあやうさを感じ、自給自足を考えたり、インフラに頼り切らずに生きていけるようになりたいと願うようにもなった。とくに、水が安定して供給される土地を求める気持ちが強くなったが、夫婦共々、親族が暮らす場所に自給自足が出来そうな土地はなかったことから、

有事の際の疎開先を作ることを考えるように。そういう気持ちが積もり積もって、自分たちが移住する考えが固まり、地方に目が向いた。

楽器の演奏など音楽が好きなので、周りに気兼ねなく演奏できるポツンと一軒家に住んでみたい。動物と同居するようなにぎやかな家にしたかったので、近所に迷惑をかけずのびのび暮らせる環境が欲しい。そんな動機で移住先を探し始めた。

Q なぜ「青木村」だったのか

――他の地域も含め10年以上も構想を練り、移住先探しを行っていた。その結果、ここだと思った土地は、趣味の登山やスノーボードで幼少期から訪れており、自然環境が理想的な信州。私は神奈川県、妻は愛知県の出身で、互いの実家の中間地点だったのも、何かあったときのことを考えるとプラスの要素だった。

青木村のことは以前から知っていたが、最初からここに絞っていたわけではない。しかし、他の地域を探したときに、地域によっては閉鎖的な雰囲気が強かったり、移住自体が歓迎されていないように感じたことがあり、自分たちと相性のいい土地というのが優先順位の上位になった。

高齢者の家の木の伐採や解体家屋の廃材などで調達する薪

青木村は移住者も多く、田舎暮らしを体験したくてわざわざ来る若い人もいるところ。役場の方、地元の方がとても歓迎してくれ、オープンな雰囲気で話も聞きやすく、移住後の将来がイメージしやすかった。

Q 移住までにクリアしなければならなかったこと

――運命の土地に出会えたときに即決できるように、私はインターネットが繋がればどこでも仕事ができる個人事業を始め、妻も在宅勤務のできるIT業界の仕事に就いていた。将来的に自給自足の比率を少しでも上げるため、家庭菜園をして野菜を育てる知識を学んだ。

このように、じっくり時間をかけて移住を考え、どういう暮らしがしたいかというイメージが出来上がっていたので、いざ動き出した段階ではクリアすべき大きな障壁はなかった。

Q 住んでみて、今どう思っている？

――寒さを苦に移住元へ戻る人もいると聞いていたが，思ったほどではなかった。たしかに冬は寒いが、暖かくするための薪ストーブや住環境を十分に整えればクリアできると思う。自給自足計画に関しては、温暖な気候に恵まれた土地のようには野菜が育たず、うまく実らなかったり野生動物に食べられてしまったりして、初年度は収穫が少なかった。これからこの地にあった育て方を研究し、進めていくことが課題。食事は満足度が高い。空気と水がとてもおいしいので、忙しく動き回っているのに太ってしまった。

仕事は自営業となり、インターネットを使った貿易業や家やキャンプ場の修繕、食料の調達や薪作りなど、忙しいが楽しく充実した日々を過ごしている。

地下水をくみ上げるポンプ小屋。前オーナーがボーリングしたという

Q 伝えたいこと

――いまの生活はとても幸せで、移住して良かったと心から思える。仕事や住まい、環境への適応力など、移住を成功させる要素はいろいろあるが、忘れてはならないのは、外からやってきた人間として、地域に溶け込む努力を怠らないこと。といっても難しいことではなく、地域の方へ積極的に挨拶したり、行事にはできるかぎり参加するなど、小さなことをちゃんとしていこうと心がけている。

人口の少ない山間部は、なんでも業者に頼めば解決できる都会とは違うので、自己解決能力が高いほうがいい。移住以前から、トラブルが起きたときはなるべく業者や他人に依存せず、自力で解決するようにして、生活力を身につけておくと役に立つ。たとえば、道具が壊れてもすぐに業者に依頼することができない場合があるが、自分自身で工夫して直したり、作ったりすることができればずいぶんラクになる。そうやって工夫すること自体を楽しめれば、田舎暮らしはおもしろくなっていくはずだ。

私たちもまだまだ発展途上で、失敗から学びながら、少しずつ地域に馴染み、サバイバル力を高めようとしているところ。みなさんも、強く生きる力と気持ちを持って、移住を成し遂げてください。

● 過疎地では、移住者が仕事を見つけるのも大変ですし、もし見つかったとしても、地元の人の仕事を奪うことになりかねません。そういうのは歓迎されないだろうと思っていたので、私も妻もIT業界にいた経験を活かした仕事をしています。

水が良くて楽器演奏を楽しむ

陸稲にも挑戦している

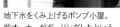

ことができ、ネット環境が整っているポツンと離れた一軒家に住みたいと思っていた私たちが、いま暮らしているのは、青木村の夫神山中腹にある「信州まるベリーオートキャンプ場」。移住前から、客として泊まりに来ていたところだったのですが、売りに出そうとしていた前オーナーに「やってみる?」と声をかけられたんです。自然豊かで自給自足に適した土地と見込み購入し、キャンプ場の管理をしながら住むことにしました。

場所は夫神山の中腹、標高は700mくらいあって景色の良いところです。なんといっても広いですし、通年営業しているので常にお客さんとの交流があり、寂しくなることもありません。思いがけない成り行きですが、建物の保全や薪割りなど、やることがたくさんあるので、お客さんも巻き込みつつ移住生活を楽しんでいます。

滝上智也さん
1975年神奈川県生まれ。10年来、移住先を探しながらIT企業で脱サラ。「信州まるベリーオートキャンプ場」を購入し、妻とともに移住。ヤギも家族の一員。

仕事、住居、結婚。移住したことで人生が良い方向に変わったかも

神奈川県横浜市 → 東御市

宮下 広将さん
宿泊業(民泊)
移住の時期・2016年／家族構成・夫婦

Q 移住を考えたきっかけは

――2011年の東日本大震災で、都市部で生きていくことの脆弱さを知ったのがきっかけ。普段口にしてきた物くらいは自分の手で育てられる人間になりたいと、地方への移住を考え始めた。田舎暮らしに憧れていただけの気持ちが一気に早まったのは、父の実家で過ごした子ども時代の「ここが好きだな」という気持ちを思い出したためかもしれない。

Q なぜ「東御市」だったのか

――父親は上田市出身で、若い時に上京して横浜に拠点を置いた。私自身は横浜生まれ横浜育ちの都会っ子だが、小さい頃は夏休みになれば上田市の父の実家へ連れて行ってもらい、冬になれば家族旅行で白樺湖や車山

高原などでスキーを教わった。信州は私にとって馴染みのある場所であり、「良いところだな」と幼少期に感じていたのだと今になって思う。旅が好きだったので、あちこち見て回ったが、馴染みのある東信地域の印象が深く記憶に刻まれていたのか、ごく自然に選択肢の筆頭に入ってきた。

Q 移住までにクリアしなければならなかったこと

――移動するための車購入とペーパードライバーの克服。移住時は独身で身軽だったこともあり、ほかに大きな障壁はなかった。

Q 住んでみて、今どう思っている？

――まったく新しい仕事を始めることができ、結婚相手との出会いもあった。偶然にも助けられたが、移住したことで人生が良い方向に変わり、決断して良かったと満足している。

偶然ではない部分でもっとも良かったのは、過密じゃない土地でのびのび生活できること。もともと人混みや集団が苦手なので、そのストレスから解放されただけでも移住した意味があった。晴天率の高いさわやかな気候も横浜時代にはなかったもの。周囲に温泉施設が多いことなど、ストレスをため込まない要素がたくさんある。

一方で、寒さ対策には苦労した。移住前にはとくに感じることがなかったのに、信州では寒さがこたえるのか身体が冷え、当初は困り果てた。食生活、運動、入浴、服装など女性の冷え

畑をやるようになって、年間計画を立てるようになったという

宮下広将（ひろゆき）さん
1981年神奈川県生まれ。専門学校卒業後、フリーターを経て写真関係の仕事に就く。2016年の安曇野での農業体験を機に信州に居を移した。2018年、「民泊おみやど」を本格的にスタート。2019年結婚。

性対策を教えてもらうことで徐々に改善し、いまでは必須になった。そのおかげか、年々楽になってきている。
もうひとつ、なかなか慣れないのが地元の慣習。信州暮らしも3年になるが、冠婚葬祭など地域の慣習を知るにはまだ時間がかかりそう。ことあるごとに「え？みんなはどうしてるの？」と思うことがある。そのような困りごとの多くはネットで調べても出てこないし、ネット情報が間違っていることもある。「知らなかった」で済むのは最初のうちだけなので、先輩移住者や近隣の方にそのつど尋ねるようにしている。

Q 伝えたいこと

——自分は就職氷河期を体験したフリーター・ニート世代。20代の間はずっとバイトをしていた。その経験は決して無駄ではなかったが、これをやりたいというものが見つからないまま長い時間を過ごしたことになる。東日本大震災が起きたのは30歳のとき。その後、バイトしていた写真関係の会社から正社員に誘われて入社したときも、「やった！」という気持ちにはなれなかった。5年間の正社員時代は、生活が安定するから社員でいたという感じだった。なんとなく学校に行って、なんとなく働いている。都会で暮らしている僕と同じ世代の人には、ふわっと生きているタイプが多いと思う。もしもぼんやりと移住を考えていたり、都会が性に合わないと感じているなら、単身者の身軽さを生かして行動に移してみてはどうだろう。自分は親にゆかりのある場所だったことや横浜への行き来などを考えて東御市に居場所を見つけたが、信州は広いので、どこかに気にいる場所があると思う。

昔ながらの重たい綿の布団が宿泊客に人気。
天日に干して、その日のお客さんを迎える

移住時に目標としたのは、畑のことを学びたい、いずれゲストハウスを立ち上げたい、という2点でした。ただ、これだけではまとまらないというか、ざっくりしすぎてるじゃないですか。そんなとき、銀座NAGANOで移住者のゲストハウスオーナー4人が語るイベントがあって、「安曇野地球宿」オーナーの〝半農半×〟という考えを聞いてハッとしました。半分農業、半分宿という組み合わせなら自分もやれるかも、と。

それからしばらくして、「安曇野地球宿」がWWOOF（ウーフ：仕事を手伝う対価として食事と宿泊場所を提供）のホストをしていたので申し込み、2週間過ごしてみました。そのときに宿と畑の運営の仕組みを体験できたことが勉強になりました。その後、今度は同じ制度を利用して小諸エコビレッジ（現在は休止）で農業をやりながら1カ月間お世話になりました。その間に多くの知り合いができたのも大きかったですね。もう少し学びたくて、月収は5万円程度ですがバイト扱いにしてもらい、小諸にアパートを借りて住むようになりました。

半年くらい住んだ2017年初頭、小諸で知り合った人の紹介で、東御市に大正5年築の100年を超える古民家と畑付きの物件を貸してもらえることになったんです。最初は畑を借りるという話だったのですが、見に行ったら古民家がそばにあり、つい最近まで人が住んでいたというじゃありませんか。「借りることはできませんか？」と聞いたら、「あんな古い家のどこがいいの」と笑いながらOKしてもらえました。価値観の違いで、移住者から見れば素敵な古民家でも、地元の人には単なる古い家なんですよね。

この幸運のおかげで、2017年の5月に古民家と畑仕事の体験スペースとしてオープンすることができました。宿をやりながら農業をやるという目標達成に少し近づいた感じがします。妻と知り合ったのもこの家がきっかけでした。お客さんとして何度か利用してもらううちに一緒になりました。現在は民泊の許可を取り、宿泊もできるようになっています。

計画性もなく流れのままにやってきた移住生活ですみません。お客さんに移住相談を受けるときも、自分の体験が参考になるのかな、と思いながら話しているんです（笑）。

古民家を買ったり家を建てて移住できるのは限られた人で、お金がない人は移住できないと考える人もいると思いますが、賃貸物件でもいいところがあったりしますし、住んでもらえるだけで助かると考えてくれる家主さんもいたりするので、あきらめずに探すことをお勧めします。

自分の体験からも、賃貸から始めて見知らぬ土地に慣れるのも、良いファーストステップだと思います。土地によって、いろんな風習やしきたり、考え方があるので、ゆっくり馴染んでいくつもりで、いろんなところに顔を出しながら生きていくのもおもしろいと思いますよ。自分たちもまだまだこれからです。

地元と移住者をつなぐ キーマンを探そう

京都府京都市 → 上伊那郡辰野町

金井 一記さん

古着屋経営

移住の時期・2017年／家族構成・単身

Q 移住を考えたきっかけは

――27才頃から住み込みで季節労働を行い、お金がたまったら海外旅行に行く、という生活を5年くらいしていた。海外にいる間は実家に荷物を置かせてもらっていたが、季節労働と海外旅行の合間に一息つける場所があればと思い、移住を考えるようになった。アフリカから帰ったある日、現地で練習してきた楽器を実家の前で演奏していると、近隣の方から苦情が入ったのか、警察官がきて声をかけられた。それまでもコンクリート

辰野町人口・18,562人／役場標高・719m

に囲まれ、帰るたびに観光客が増えている地元の京都に住みづらさを感じるようになっていたが、そのことをきっかけに、本気で移住先を探す気持ちになった。

Q なぜ「辰野町」だったのか

―― とくに憧れていたわけではなかったが、信州には移住の聖地というイメージを持っていた。同様に、興味を持っていた熊野（三重と和歌山の県境のあたり）を候補地と考え、住む家を探し始めた。空き家バンクで信州で30カ所、熊野で20カ所、計50件ほどの物件を見て、一番条件の良かった家が現在住む辰野町の古民家。築150年、敷地200坪の空き家だった。ロケーション、家の持つ雰囲気、街がもう一度なんとか再生しようとする気配、ランニングコストの少なさに惚れ込んだ。なぜ信州だったのか、というよりも、この家と、辰野町という場所に出会えたことが、私にとって移住の決め手となった。

Q 移住までにクリアしなければならなかったこと

―― 辰野町の物件（借家）に出会ったのは2017年の春。ただ、住むにはある程度改装が必要で、そのための費用と半年ほどのDIY期間がかかると感じた。そこで、最後の季節労働のつもりで、それまでもお世話になっていた富士山の山小屋で働き、資金を貯めてから辰野町に入った。当初は家の中でテントを張って生活し、改装しながら少しずつ居住空間を拡げていった。仕事の当てがなかったのに移住したのは、宿泊、食べ物、物販など、複数の仕事を組み合わせて少しずつ稼げば、生活していけるだろうと考えてのことだった。

家の持つ雰囲気に魅かれたという古民家

Q 住んでみて、今どう思っている？

―― 古い木造建築の家は、季節によって住み心地が大きく変わる。夏はこれ以上ないほど心地よく、家の中を気持ちのいい風が抜けて行く。逆に冬は凍えるほど寒い。十分な対策をするにはまとまった費用が必要ということもあり、最初の3シーズンは木島平村のスキーペンションに住み込みで働きに行っていたが、2020年は店を営業しながら初めて辰野で〝越冬〟した。

寒さを除けば満足度は高い。とくに食生活の面では、野菜をはじめとする食材が本当に豊かだ。畑を借りて野菜作りを行うと、なんとかなるという自信がついてくる。

仕事については、まず古物商の資格を取り、2018年から自宅兼店舗という形で開業した。古着屋だけではなかなか集客が難しい面もあるが、さまざまな人と知り合うことで、私自身はいまの生活がおもしろくなり、二番目の仕事として試験管やシャーレに茶葉やコーヒー豆を入れて販売する「DIY カフェ1㎡」を始めた。活用法を工夫することで、現在の場所をより発展、進化させていきたい。

金井一記さん
1985年京都府生まれ。季節労働をしたお金でインドやペルー、知床、西表島などに滞在する生活を経て京都に戻った後、自分に合う場所を求めて辰野町に移住。古着屋などの「o to &」を営みつつ、暮らし方を模索中。将来的にはゲストハウスとバーもオープンさせたい。

Q 伝えたいこと

――閉鎖的な空間が苦手な自分のような人間にとって、都会はますます住みにくくなっていくだろうと感じ、辰野町に移住した。自然豊かで人口もほどほどでありながら、塩尻、諏訪、伊那に出やすい辰野町は、少ないリスクで移住することができ、何かやりたいことがある人にはいい場所だと感じている。本気で移住を考えているなら、実際に足を運んで空き家を見てみると、一気に物事が進むと思う。ぜひ、一緒に辰野町を盛り上げていきましょう。●

辰野町に移住した理由が魅力的な物件であったのは事実ですが、振り返ってみると、それ以上に大きかったのは「ここで暮らすとおもしろそうだ」という直感だったと思います。

空き家を探す際にお世話になった方が、地元にUターンしてきた建築士だったんです。その人は「一般社団法人○と編集社」代表であるとともに辰野町の集落支援委員でもあって、行政と移住者をつなぐハブのような立場で動いている。私だけでなく多くの移住者が「この人がいるなら」と辰野町を選択したんじゃないでしょうか。

知らない場所に不安を抱く移住者に〝いい予感〟を与えるのは人との出会いだと思います。出会った人が、アイデアと行動力にあふれ、町を変えていこうとする人ならなおさら頼もしく感じられます。私がここへ来た時点でも、何かを始めようとする移住者が30名ほどに増えてい

それぞれの部屋ごとに居心地がいい空間が広がる

たのですが、いまでは100名を超えているかもしれません。これは、移住者が辰野町を気に入り、あらたな移住者を呼び込んできた結果だと思います。

　かつて宿場町だったせいか、町の人にも外から来た人を受け入れる気風があって、10年後の辰野町を1日だけ出現させる「トビチマーケット（飛び地商店街）」というイベントを開催したときは、地元の参加者も目立ちました。これなども、移住者が地元に溶け込みながら力をつけてきている証だと思います。

　私には、辰野町で何かをしたいという気持ちはあったけれど、何ができるかはわかりませんでした。でも、新しい友人が増えていく中で、やりたいこと、できそうなことが見つかっていきました。逆に言えば、人と交わることを怖がっていたら何も始まらず、移住を後悔することになりかねません。

　信州には魅力的なところがたくさんあるため、辰野町の注目度はまだ低いんですよね。でも、将来性はあると私は確信しています。「未経験だけど、いずれはゲストハウスやバーもやってみたいし、できそうだ」

　そんなふうに思えるところはなかなかないんじゃないでしょうか。

 辰野町まちづくり政策課　〒399-0493 上伊那郡辰野町中央1　tel0266-41-1111

File 23

飲食業ならすぐ決まると思っていた
仕事探しがいちばん難しかった

東京都大田区 → 北安曇郡松川村

宝利 康洋さん

飲食店運営

移住の時期・2019年／家族構成・夫婦

Q 移住を考えたきっかけは

――40歳という年齢になるにあたって、このままずっと東京で暮らしていく生活に疑問を持った。そんな折、ふるさと回帰支援センターのイベントが東京の有楽町で行われ、参加したのが契機となり、本気で移住先を探し始めた。

Q なぜ「松川村」だったのか

――バイクが趣味で、若い頃からよく信州へツーリングに来ていて、そのときから憧れを持っていた。あとから考えると、2018年は3月から10月まで、毎月必ず信州にきていた。東京で感じるストレスを発散していたのだと思う。そのため、移住を考えると同時に、「毎月行くのであれば住んじゃったほうがいいんじゃないの」と、すんなりと信州を意識することができた。

夫婦でふるさと回帰支援センターのイベントに参加し、安曇野市を第一候補として考え、下見に行って物件も探した。東京の半額を想定していたところ、思ったより家賃が高くて断念。松本市や長野市は、あまり東京と変わらない印象だったので、原村や茅野、諏訪、佐久、東御、上田などを見て回ったが、やはり北アルプスエリアにこだわる気持ちがあった。

ツーリングで信州に通っていた頃、よく寄っていた松川村の道の駅

松川村に決めたのは、住居が気に入ったから。役場の方に話を聞きに行ったら、村営住宅に空く予定があるといわれた。4DKの間取りで約5万円と安かったので喜んでいたところ、別の物件ならすぐに空くという話をいただき、内見した上で決めることにした。村営住宅に住むことで役場とつながりができたことも、知人のいない土地で暮らす上でプラスになると考えた。

Q 移住までにクリアしなければならなかったこと

――ずっと飲食関係に従事し、調理師免許も持っているので、飲食店があるところなら仕事を探すことはできると思っていた。自分に合う・合わないとか、給与や待遇の面で折り合えるかは別として、移住先で仕事を得られるかどうかについての不安はあまり感じることがなかった。むしろ住まいをどうするかが問題だったが、前述したようにスムーズに移住することができた。運が良かったと思う。

妻もごみごみした都会を離れたい気持ちがあったようで、移住には大賛成。信州についても、すんなり同意を得ることができた。

Q 住んでみて、今どう思っている？

――もっと近所づきあいというものがあると思っていたが、適度に距離感があり生活しやすい。好きなところに住んだというより、住んでいくうちに松川村が好きになっていく感じを味わっている。もっとも、移住してからまだ日が浅く、移住生活は始まったばかり。毎日の生活に慣れてきたとは思うが、楽しむまでには至っていない。友人作りもまだできておらず、孤立感の解消が今後の課題だと思っている。バイクツーリングをはじめとしてやってみたいことはたくさんあるので、これからいろいろ楽しみたい。

Q 伝えたいこと

――このまま東京で歳を重ねていくことへの疑問が出発点だったので、仕事と住居を得て新天地で暮らすことを優先できた。妻と二人で移住を決めてから、短い期間で長野県民になったことは、自分たちにとって思い切った行動だったが、一度きりの人生なので、本当の気持ちを大切にして良かったと感じている。

自分にとって、この移住はコロナ禍と切り離せないところがある。村営住宅の話があったとき、もうしばらく様子を見ようと長期戦の構えでいたら、たぶんいまも東京にいただろう。移住そのものもあきらめたかもしれない。また、こちらへきた後でくじけそうになることもあったが、自粛要請などもあって東京へ逃げ帰るわけにもいかず、そのうちに冷静さを取り戻すことができた面もある。

移住はエネルギーのいることなので勢いとタイミングが大事。いまだと思うときに動き出す行動力と、腹をくくって物事を運ぶ決断力が重要だと思う。あまり悩みすぎると動けなくなってしまいますよ。

●

松川村は環境もよく、村営住宅の住み心地にも満足なので、その面ではとてもうまくいきました。信州の中ではマイナーな

宝利康洋さん
1979年東京都生まれ。飲食関係の仕事に従事していたが、10年以上勤めていた会社を退職するにあたり、移住を意識。趣味のバイクでひんぱんに信州を訪れていたことが、移住先選びで決め手となった。白馬村に「とんかつ専門店つむぎ」をオープン。

村営住宅の一帯からは、北アルプスの絶景が一望できる

存在で、僕も知らなかったように知名度も高くありませんが、穴場といっても良いと思います。ぜひ一度訪れて、候補地に加えてください。

逆に苦労したのが仕事です。

松川村には飲食店が少ないので、松本市か安曇野市豊科あたりで探しました。きてから1年、6軒くらいで働きましたが、なかなか安定しないのが悩みでした。理由は職場の労働環境があまりよくないこと。東京の会社を辞めたのも同じ不満からだったので、こっちへきてまで同じ不満を抱えたくないし、それだったら東京のほうが給料もいいということになります。せっかく移住した甲斐もないので、そこは妥協したくなかったんです。

ただやっぱり「失敗したかな」と凹んだ時期もありましたね。バイクに乗りたくて信州にきたのにそんな気にもなれず、1日中家から出ずにじっとしていたり。そんなときに助けになったのが、淡々と日常生活をしている妻の姿です。介護の資格を持っているのでどこにいっても仕事があり、こちらでも普通に働いて生活している。それを見たら、嘆いていても仕方がないよなと思っちゃいますよね。東京のように友人がいるわけでもなく、とくに夜は出かけるところもないですから、一緒に食事してテレビを見るようなことでも、ひとりではない安心感があります。

こうなれば、独立しかないと物件を探し、白馬に自分の店（とんかつ専門店）を出すことが決まりました。不安もありますが、楽しみのほうが大きいですね。

最近は松本まで飲みに出ることもありますよ。松川村にいると、のどかすぎて世の中の動きがわからなくなっちゃいそうなので（笑）。

親切で優しい
南木曽の方々に助けられて、
私たちは元気です！
愛知県名古屋市
木曽郡南木曽町

カール映香さん　**ニック**さん

ニットアシスタント　翻訳・通訳

移住の時期・2019年／家族構成・夫婦

家の前に広がるこの景色が気に入っている

Q 移住を考えたきっかけは

――根底にあったのは田舎暮らしへの憧れ。都会で生まれ育ったので、もっと自然と共存した暮らしをしたいと思っていた。とくにイギリスのロンドン郊外で生まれ育った夫にその傾向が強かった。

私たちが抱いていた田舎暮らしのイメージとは、小さな畑で野菜やハーブなどを育てたり、家庭から出た生ゴミなどはコンポストで循環させたり、排気ガスであふれる街ではなく、自然豊かな地域でエコロジカルな生活を営むこと。散歩を楽しみ、季節の移り変わりを肌で感じたいと思っていた。

2017年頃、友人が南木曽に引っ越し、遊びに行ったときに偶然空き家を見つけ、その日に中を見せていただくことができて、それまでは憧れの域を出なかった田舎暮らしを現実的に考えられるようになった。

Q なぜ「南木曽町」だったのか

――豊かな自然、とくに山や川の水がとても綺麗だったことや、縁あって賃貸物件を紹介していただいたことがきっかけ。友人がいるからといって初めから「南木曽しかない！」と決めていたわけではないが、物件探しなどたくさんの人が親身に協力してくれたことで、未知の土地に行く不安が、安心感に変わっていったのが大きかった。

仕事の関係上、名古屋や他都市に行くこともあるが、その点を考えても、南木曽は都市から離れてはいるものの比較的アクセスが良く、〝閉じこもった暮らし〟になるリスクは小さいと考えた。

Q 移住までにクリアしなければならなかったこと

――仕事（収入源）をどうするか。移住はしたいが、それまでの仕事ができなくなるのはつらく、決心するまでに2年かかった。最終的には、二人ともフ

リーランスでやっていけるよう準備を進め、当面は名古屋や他都市での仕事も続けながら、南木曽で得られる仕事の比率を増やしていこうと考えた。

また、車に乗れないとなにかと困るので、急遽夫が教習所に通い、1カ月半かけて運転免許を取得した。

料理が趣味のニックさん。南木曽に来てから保存食づくりにも力が入る

Q 住んでみて、今どう思っている？

―― 名古屋という大都市からの移住で、よそ者扱いされないか、受け入れられないのではないかなど、地域コミュニティーに馴染めるかどうかがとても心配だったが、実際は真逆。歓迎していただけてとても嬉しかったし、安心した。

優しい人ばかりで、畑や山で採れた野菜をいただいたり、山菜について教えていただいたりし、「何かあったらいつでも相談してね」と声をかけてもらっている。

想像していた以上に良かったのは、四季の流れをダイレクトに感じられること。たとえば野花や雑草。何もしていなくても、冬は姿を潜め、春になったら芽吹き、花を咲かせ、緑は青々としてくる。人間もそれに歩調を合わせるように、春になったら畑を耕し始め、野菜や稲を植え始める。家からの眺めも天気や季節で大きく変わり、そうした当たり前のことに感動できるようになった。

一方、移住後に直面した問題は、住宅の環境。地域の特性上、雨がよく降り、谷なので霧がすごく湿度が高く、洗濯物が乾きづらい。住居選びでは、湿気についても検討しておきたい。もうひとつは寒さ。冬の夜は氷点下になるのが当たり前と聞き、覚悟はしていたが、私たちにとっては寒かった。

Q 伝えたいこと

―― 信州はどこにいても美しい山々を望むことができる素敵な場所。それだけで癒やされる。信州の人たちは移住に対して歓迎ムードなので、少しでも興味があったらまず行って、役場だけでなく町の誰でも良いから話を聞いてみることをお勧めしたい。私たちの場合も、仕事や住宅のことを始め、南木曽の方々は何でも親身に相談に乗って、アドバイスしてくれるばかりか、時間を割いて町の案内まで

してくれた。実際に見たり聞いたりすることでよりリアルに移住について考えられるようになるので、まずは現地を見て、それから本当に移住したいのかを判断しても良いと思う。

縁もゆかりもない土地に移住を考えることはとてもハードルが高く感じるが、私たちは今、移住して良かったと心から思っている。ここは都市と違って自然豊かで、動物や虫がとても身近、気候も違う。移住をすればさまざまな環境が変わるが、その変化を楽しむ気持ちを持ち、ポジティブに受け入れられる方にはとてもオススメです！

◉

夫は名古屋にいるときから休日になるとハイキングやサイクリングをするのが好き。私も「いつかは田舎暮らしがしたい」と憧れていました。淡い夢なのかなと思っていたのですが、具体的に考えていくうちに、不安点が仕事面だけであることに気づいたんですね。

本当に南木曽町では無理なのかと考えてみました。夫は翻訳業と通訳がメインで、ネット環境があればできることも多い。私は自宅で行う仕事のほかに、地域と積極的に関わって新しい仕事を見つけていけばいいんじゃないか。やってみて無理だったら、名古屋に引き返してもいいわけですよ。だったら、やらない手はないぞと。

現在はフランスのニットブランドのアシスタントとして作品の製作や日本での出店販売を担当し、南木曽町では古民家改修事業や宿の運営を行うフォークロアという地元企業でお世話になっています。利用者の大半は外国人客。海外生活の経験や英語力が活かせる職場で楽しくやっています。

私たちが暮らす集落は、町の中心から離れたところにある小さなところです。移住者もまだ少ないエリアなのですが、珍しいから敬遠されるのではなく、皆さんから親切にしていただいています。優しく穏やかな人が多く、都会とは違うゆったりしたテンポで時が刻まれていく感じが好きです。

たまたま縁があって住むことになりましたが、ここは山が重なり合う景色が魅力的。私たちには合っていると思います。

カール映香さん・ニックさん
妻は1987年愛知県生まれ。一時フランスに住むなどファッション系の仕事に携わり、移住後もその経験を生かしている。夫は1991年ロンドン（イギリス）生まれ。2014年来日し、名古屋市で英語教師をしているときに映香さんと出会い、2019年結婚。趣味は料理。

直感のうごめきを聞き入れれば、流れるように何かが始まる

東京都練馬区 ⟶ 上高井郡高山村

鈴木 彩華さん

ダンサー、ライフスタイルコーチ（生活習慣指導）
移住の時期・2018年／家族構成・単身

Q 移住を考えたきっかけは

―― 英国の芸術学校を卒業し、東京に戻ってから、東京の情報や人にあふれた暮らしに疑問を感じ、1～2カ月のうちに耐えられないほどストレスを感じるようになってきたこと。

Q なぜ「高山村」だったのか

―― 英国からの帰国後最初の公演の仕事で、長野県出身で須坂市在住のダンサーと出会い、頻繁に遊びにいくようになった。1年の間、2カ月に一度のペースで通ううち友人が増え、つぎの休みに誰に会おうかと考えるとき、信州の友人たちを思い浮かべてしまう自分がいた。だったら、住んでしまうしかない！須坂市からほど近い高山村に住む家が見つかり、別の友人と、

6畳2間とリビング、キッチンのある平屋の一戸建て住宅をシェアする話がまとまったことで、東京から拠点を移した。

Q 移住までにクリアしなければならなかったこと

——◎精神面
首都圏で暮らすことで得られやすい「チャンスと巡り合う機会」や「絶対的な仕事量」の多さという利点を捨てる決意をすること。
◎生活面
住む場所と長野県内での収入源の確保。住居のアテをつけてから移住したが、仕事に関しては、会社員のように転職先を決めて移住というわけにもいかず、見切り発車の部分もあった。

車を所有していなかったので、最初のうちは須坂市まで自転車で出かけていたが、帰りの上りがきつく、原動機付自転車に変えてがんばったものの、信州で暮らすには車が必要だと実感し、約1年後に購入。おかげで行動範囲が広くなった。

Q 住んでみて、今どう思っている？

——移住すると首都圏で仕事ができなくなるだろうと予想していたが、東京へのアクセスが悪くないので、通って仕事をすることは不可能ではない。そのため、移住当初は信州と東京の実家で過ごす時間が半々という感じだった。現在は、須坂市内でストレッチやダンスを教えたり、業務委託を受けてオンライ

生活の中に自然がある暮らしを経験すると
「東京でフルの生活はもう無理」という

鈴木彩華さん
1992年東京都生まれ。大学卒業後、イギリスに1年間留学し、ダンス理論を学ぶ。帰国後、ダンサーとして活動しつつ、高山村へ移住して実家のある東京との2拠点生活を実践。現在は仕事・生活の両面で、信州が中心になってきている。

ンでの生活習慣のコーチングを行い、信州で過ごす割合が増えている。

高山村は自然環境に恵まれてゆったりしたペースで暮らせるところ。須坂市まで近く、その先には長野市もあって、田舎にありがちな閉塞感は感じていない。

悩みといえば、こちらではヨガなどの講座が無料・格安で行われている（自治体主催、副業講師が多い印象）ため、自分の設定したいダンスの講座の単価を理解していただけないこと。また、都心に比べて自由な時間も多いためか、地域芸能の文化も残っており、文化度・満足度が高い暮らしをされていて、自分が挑戦しようと思っていた参加型芸術を創作する必要性を感じられないことがあった。そのこともあって、パフォーマンス公演をする際は東京で行うことが多い。ダンサーとして、どのように活動していくかが今後の課題となっている。

暮らし全般については満足度が高く、移住して良かったと思う。

生活する場所を地方に移せば、確かに変化は起きるけれども、結局は自分自身が生活を作り出しているのだから、自分自身と向き合い続けなければならないと気づいた。

経済面では、地元の方に野菜をいただけたりして、東京より明らかに支出が減った。家賃が折半できていることも助かる。他人とシェアして住めば、ときにはケンカもするけれど、友人だから乗り越えられる。とくにコロナ禍で自粛生活が続いた時は寂しさと不安を分かち合える人が家にいるのはありがたかった。また、広い空と山の風景、美しい星空に精神的に救われた。

Q 伝えたいこと

――信州は広いし、私自身、まだまだ訪れたことのない場所も多い。だから、一概に信州はこうですよとは言えないが、こちらに移住し2年ほど東京との2拠点生活をしてみた者として、信州は首都圏と近いので、都心での暮らしを残しながらも、都会の目まぐるしさを離れ、改めて自分自身に向き合う場所として適していると思う。都会生活から距離を置き、信州でやってみたいことを始めてみれば、心が動く何かを見つけられるかもしれない。

移住を志す理由は人それぞれ。私自身は守るものもない若者なので、気軽に勧めていいものかどうかわからないけれど、人間は強いので、始めてしまえばなんとかなると思う。見知らぬ土地に移り住むのが不安なのは誰でも同じ。直感のうごめきを聞き入れて、一度足を運んだら、きっと流れるように何かが始まるはずです。

ダンスの世界は厳しく、東京にいるときはダンサーとしての活動をバイトの収入で支えていました。ストレスも強く感じていたので、あのタイミングで信州に移住したのは、私自身が〝ここではないどこか〟を求めていたからではないでしょうか。後悔はないですね。素直に気持ちに従って正解だったと思っています。

独身の身軽さがあったからできたとも言えますが、人は現状に不満があっても、その違和感に蓋をしがちなもの。私も信州に1年通って、だんだん吹っ切れていったんです。ダンサーとして活動するには東京にいたほうがいいという考えに縛られがちになっていた私の背中を押してくれたのは、須坂に住む友人の「これまでだって好きなことを好きなようにやってきたんだから、（移住も）やってみなよ！」という言葉でした。

移住のプランを話したとき、祖父が寂しそうにしていたので「ごめんね」と思いましたが、両親は意外に平気で、快く送り出してくれました。

お金を使えば何でも手に入り、ライブやイベントにもすぐ行ける便利さがあった東京と比較すると、高山村は一見、娯楽に乏しいところかもしれません。景観の良さや温泉の豊富さは、信州では取り立てて珍しくもないですから。でも、そこは考え方ひとつ。こっちでは、自分でおもしろいことを作るのが生活を楽しむ秘訣だと私は思います。自分から働きかけることで、人との関わりも育まれやすくなり、生活がどんどん充実してくる気がします。

与えられるのを待っているのではなく、なければ作るの心意気で行きましょう。

シェアしている住宅のリビングで

長野県の市町村　こんなところ

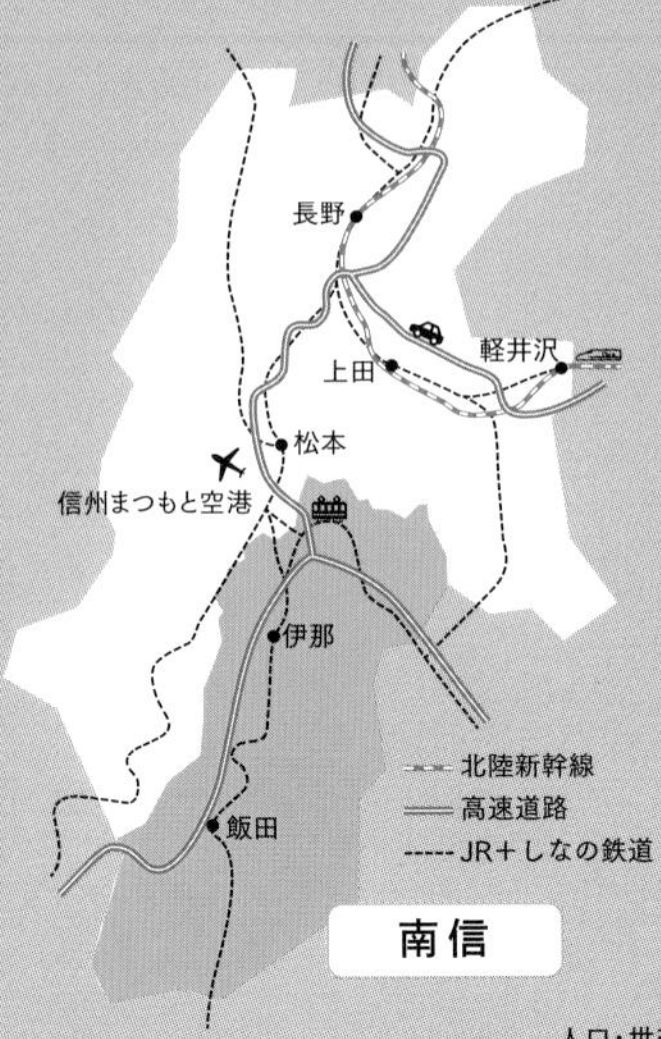

人口・世帯数（2021年1月1日現在）人口の年齢別割合
（2020年10月1日現在）ともに長野県毎月人口異動調査より

南信

		人口総数（人）	男（人）	女（人）	世帯数（世帯）	15歳未満（%）	15～64歳（%）	65歳以上（%）	役所・役場の標高（m）
	飯田市	96,864	46,568	50,296	38,252	12.8	53.9	33.3	499
	伊那市	65,841	32,304	33,537	27,701	12.6	55.3	32.1	632
	茅野市	55,075	27,554	27,521	23,502	12.6	56.7	30.6	801
	諏訪市	48,404	23,751	24,653	20,931	12.2	56.7	31.1	761
	岡谷市	47,620	23,157	24,463	19,385	11.5	53.9	34.6	779
	駒ヶ根市	31,836	15,593	16,243	13,260	12.4	56.1	31.5	676
諏訪郡	下諏訪町	18,849	9,071	9,778	7,754	10.7	50.8	38.5	763
	富士見町	13,842	6,726	7,116	5,575	12.0	51.6	36.4	977
	原村	7,709	3,779	3,930	2,935	12.7	52.3	35.0	1,012
上伊那郡	辰野町	18,562	9,052	9,510	7,559	10.9	51.2	37.9	719
	箕輪町	24,914	12,571	12,343	10,114	13.1	57.3	29.6	705
	飯島町	9,021	4,426	4,595	3,597	11.1	51.7	37.3	687
	南箕輪村	15,719	7,822	7,897	6,738	15.9	60.3	23.8	695
	中川村	4,586	2,168	2,418	1,743	13.3	50.3	36.4	600
	宮田村	8,626	4,218	4,408	3,444	13.8	56.3	29.9	636
下伊那郡	松川町	12,470	6,012	6,458	4,434	12.3	52.8	34.9	542
	高森町	12,663	6,088	6,575	4,404	14.0	53.3	32.7	546
	阿南町	4,340	2,101	2,239	1,473	9.2	45.7	45.1	507
	阿智村	6,071	2,899	3,172	2,179	12.9	50.2	37.0	538
	平谷村	397	200	197	196	12.8	52.6	34.6	922
	根羽村	837	403	434	388	6.9	39.7	53.4	603
	下條村	3,585	1,741	1,844	1,167	12.9	52.3	34.8	507
	売木村	493	222	271	245	10.8	43.1	46.1	823
	天龍村	1,128	532	596	545	5.5	31.3	63.1	308
	泰阜村	1,547	728	819	609	12.0	46.0	42.0	786
	喬木村	5,973	2,910	3,063	2,005	13.3	51.1	35.7	411
	豊丘村	6,442	3,185	3,257	2,151	13.6	52.3	34.1	425
	大鹿村	934	455	479	413	10.4	41.1	48.6	670

第4章

この場所ありき

「思い切りスキーをしたい」という気持ちがピンチを救ってくれました。

愛知県名古屋市 → 北安曇郡白馬村

伊藤 恵美さん　光泰さん

カフェ経営

移住時期・2010年／家族構成・夫婦

Q 移住を考えたきっかけは

――スキーや登山が趣味で、シーズンになると週末ごとと言ってもいいほどスキー場に通う生活を続けていた。移動にかかる時間やお金がもったいないし、人生で最優先したい趣味を突き詰めるためには、いずれは都会を離れて山の近くで暮らしたいと考えるようになった。バックカントリースキーを始めるようになって、その気持ちが加速。夫と共通の趣味だったこともあり、好きなことを思い切りするには、定年後より、体力的にも仕事的にも、新しい場所で何かを始められる年齢で実行

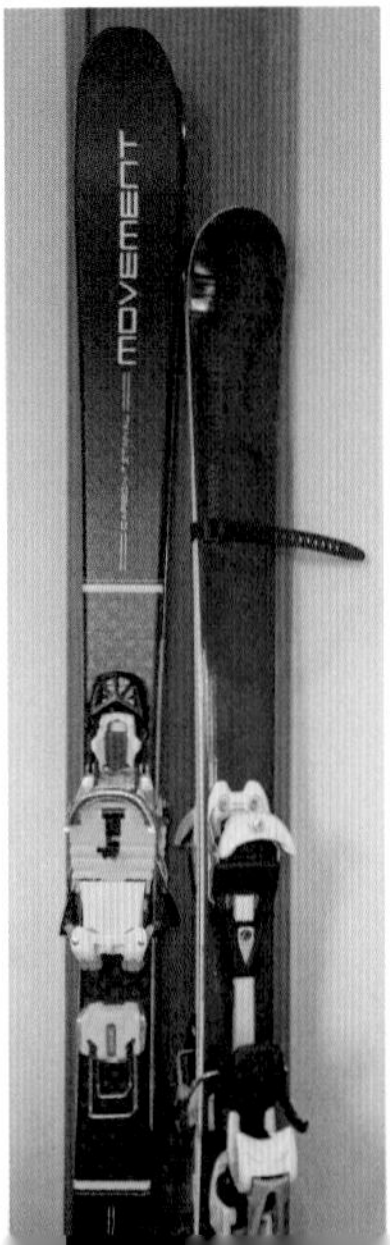

白馬村人口・8,633人／役場標高・701m

したいと思った（恵美）。

妻の勢いに押される形で移住を意識するようになった。広告やPR、イベント製作の仕事をしていたが、もともと独立志向があり、組織を離れて商売を始めるのもおもしろいと考えた。移住する、しないで揉めたことはなかった（光泰）。

Q なぜ「白馬村」だったのか

――学生の頃から来ていて、好きで慣れ親しんだ場所だった白馬は、移住を考え始めたときから候補地として頭にあった。なんとなく移住を意識し始めた時期を含めると5年間くらい、土地を探していたことになる。ただ、白馬は人気エリアで土地代が高い。いいなと思うところは手の出ない金額で、難しいだろうとも思っていた。一時は弱気になって、「気軽にスキー場に行ける」ところならいいかと、アクセスのいい駒ヶ根なども検討したことがある。幸い、縁あって白馬に移住することができラッキーだった。

開業するにあたり、研究を重ねた珈琲と石窯パン

Q 移住までにクリアしなければならなかったこと

――飲食店ができそうな場所で土地と家を同時に探すこと。とにかく物件を決めるまでが大変で、都会のように不動産業者任せではなく、自分たちが動く必要があった。土地が決まり建築が始まれば、当時住んでいた愛知県からしょっちゅう現場を見に行く必要も生じるなど、県外の人間が物件を探し、家を建てることには苦労や不便がつきまとった。

Q 住んでみて、今どう思っている？

――自然に関しては、遊びに来ていたころと同じ喜びを毎日感じられる。人間関係がうまくいくかどうか心配していたが、近

カウンターの窓からは北アルプス・白馬連山が望める

所の方々の優しさに助けられ、大きなトラブルがないことも良かった点。あのタイミングで移住に踏み切ったのは正解だったと思う。

ただし、仕事に関しては移住してわかった問題点や課題がいろいろある。当初は考えていたほどお客様に来ていただけず苦しんだ。スキーどころではなく、3年目で行き詰まりを感じてやめようかとさえ思ったこともあった。

「珈琲せんじゅ」は2020年に開業10周年を迎えることができたが、客足が落ち込む4カ月（4月、6〜7月、11月）を残りの時期（スキーシーズンの12〜3月、GWのある5月、夏休みや紅葉でにぎわう8〜10月）でいかにして補填していくかは永遠の課題。雪の量の違いによる集客数の変化が相当大きいこと、東日本大震災やコロナ禍など、想定を超えることもつぎつぎに起こり、客商売の難しさを痛感している。

Q 伝えたいこと

――白馬が良いところなのは間違いありません。スキーヤーにとっては最高の移住先なのも、その通り。私たちもそうでしたが、だからこそついつい憧れが先に立ってしまいがちなのだけれど、あえて甘く考えてはならないと言っておきたい。都会からの移住者にとって、標高700メートルでの生活は、風の強さや雷など、町なかで暮らしているときに想像する以上の厳しさがある。

家を建てるときは、冬のことをよく考えて建築しないと後々困ることになるかも。また、施工の時期が冬になると、雪で中断して工期が遅れがちになるので注意してほしい。保険を契約するときは、風雪害の特約をすることが必須。

◉

思い切りスキーをしたい一念で移住に踏み切った私たちでしたが、土地探しには苦労し、ここならと思う場所に出会うまでに、考え始めてから5年かかりました。ただ、本気で動き始めてからは1年程度だったので、リサーチ不足な面もありました。遊びに行くのと、そこで暮らすことは違います。もう少し準備期間を取れればよかった。

カフェをやるには好立地が条件となりますが、人気エリアの白馬は土地が高いんです。一時は南信の駒ヶ根市なども候補に加えたほどです。それでも初志貫徹できたのは、地元の不動産屋に顔を覚えられるほど何度も通った成果でしょうか。ついに、「ここしかない」という物

件に出会うことができました。

お金が余っていたわけではないので、建築費用を含めた開業資金（約4000万円）は、住んでいた家を売っただけでは足りず、多少は借金もしました。それでも「白馬だから大丈夫だろう」と楽観的だったんですよ。さあスキーして遊ぶぞって。

もちろん、飲食業の素人でしたから、それなりの準備はしました。基本となる珈琲は、夫が愛知県の名店に通って、豆の選び方から淹れ方までアドバイスを受けながら研究を重ねました。メニューに特色を出せるようにと、石窯パンの製造も一から勉強して備えました。とくに珈琲にはこだわりを持ち、力を入れたつもりです。ただ、商売ってそう簡単にはいきません。開業当初はそれなりにきていただけましたが、3カ月経った頃には一回りした感じでヒマになり始めたんです。

振り返ると、地元のお客さんにも観光客にも利用してほしいあまり中途半端になっていたんですね。愛知県の喫茶店なら当たり前のモーニングサービスを、人が少ない白馬でやってみたり。3年くらいでダメになりかけ、4年目では店を辞めてコンビニでレジを打とうかと本気で考えました。労働量に対価が全然ついてこない状態でしたから、ストレスばかり溜まってしまったんですね。移住は失敗だったかな、と弱気になっていましたね。

でも思ったんです。自分たちは何のために移住したんだろう。念願だった白馬に住んだのに、スキーどころではなく朝から働いて、それでも客は来ず、半ノイローゼになってるってどういうこと?

そこからですね。開き直ってモーニングサービスを止め、スキーシーズンは11時開店に変えて、自分も朝からスキーをすることに。同時にメインの客層を観光客に絞り、メニューや料金も〝いいものを、それなりの価格で〟提供するよう切り替えました。笑ってしまったのは、それでも売り上げが減らなかったこと。いかに無駄な努力をしていたか（笑）。

結局、店が軌道に乗るまで5年かかりました。明確なきっかけがあったわけではなくて、気がついたら安定していた感じです。へこたれそうになりながら、地道にやってきたのが良かったのかな。地元のお客さんも増えてきました。

地面にしみ込んだ雨が湧水となって地表に出てくるには時間が必要なように、客商売も地域に馴染むには時間が必要ということかもしれません。移住してから、暖冬による雪不足や地震、コロナ禍など、思いがけないことがつぎつぎに起きましたが、夫婦で力を合わせて乗り切ってきました。気持ちに余裕が出てきたので、今後はバックカントリースキーの上達を目指していきたいですね。

伊藤 恵美さん・光泰さん
ともに1965年愛知県生まれ。夫婦そろってスキーや登山を愛し、移住を意識し始めてから5年後の2010年10月に白馬村へ移住。現在、JR白馬駅からほど近い場所で「珈琲せんじゅ」を経営。

周囲の方々に見守られ、女性ひとりでも安心して暮らせます

京都府京都市 → 東筑摩郡筑北村

榎並 真由子さん

地域おこし協力隊

移住時期・2018年／家族構成・単身

Q 移住を考えたきっかけは

——移住前は、京都で芸術大学に勤務していた。登山が好きで、とくに北アルプスに魅了され、ハイシーズンは毎週のように、夜行の長距離バスで京都から長野へ登りにくるほどだった。いつか山の近くへ移住したい思いと地域に根付いて生きていきたい思いがあり、長野に行きたいと考えるように。地域おこし協力隊の存在を知り、構想が具体的になっていった。

Q なぜ「筑北村」だったのか

——では、どの地域にするか。長野県の中で北アルプスか八ヶ岳の登山口に1時間内で行けることを条件に15市町村に絞り、すべてをくまなく見学。行政の方の話も聞き、一度は八ヶ岳に近い地域に心が傾いたが、私には都会過ぎた。最終的には、名前も場所も知らなかったけれど、北アルプスが近いことや景観の良さなど、私の求めていたものがすべてあった筑北村に決めた。

Q 移住までにクリアしなければならなかったこと

——地域おこし協力隊に応募したので、移住決定で仕事も決まり、住居も用意してもらえた。学生時代から親元を離れて生活していたため、知らない土地に行くことにも抵抗はなし。移住に対する悩みはなく、ワクワク感でいっぱいだった。ただ、車がないと生きていけないと聞いていたので、車だけは移住前に購入した。

移住してから登った八ヶ岳。
日帰りで行けることが魅力

Q 住んでみて、今どう思っている？

——できれば、このまま定住したいと思っている。協力隊の任期は3年。〝卒業後〟は一度、ずっと願っていた、山へ入りたいと思っていたが、コロナ禍で山小屋勤務はどこも難しく、いち早く切り替えて、堅実に村内企業に就職する。就職先も、ご近所付き合いからいただいたご縁。筑北で暮らし、筑北の人と土と共に生きていければ。

現在、私は2SLDKの一軒家に単身で居住。家賃3万円で、15帖のLDK、IHクッキングヒーター、ウォーク・イン・クローゼット、250ccバイク

収納倉庫付など、広さや環境も申し分ない住宅で生活できている。

協力隊での仕事は移住促進担当。移住セミナーや相談会でのPR、ゲスト講演、移住者・移住希望者フォローなど。空き家バンクの内覧案内、業者とのやり取り、HP作り、写真撮影、情報発信（インスタグラム、フェイスブックの更新）、あづみのエフエム出演（番組名「ほくほくちくほく★Radio」・月2回の定期放送)と、いろいろやらせてもらっている。役場職員の方々は、いつでも話ができ、いつでも相談にのってくれる存在。他の部署の職員さんも、皆とても優しく、地域のこと、生活のこと、何でも教えてくれて頼りになる。

仕事以外の地域活動では、銃の所持許可を取得して猟友会に加入。陶芸部、地域グループ「坂北みらい宿」でラベンダー栽培、移動式公民館居酒屋スナックえなみなど、他部署の協力隊や行政職員、地域住民の方と密にコミュニケーションがとれているので、どの仕事も活動も、充実した日々を過ごせている。村の行事、常会の行事や集まりには積極的に参加。玄関の前に、村の方が収穫した野菜が置かれていることもあり、一人では食べきれないほど。

Q 伝えたいこと

――女性の一人暮らしだが、それがハンデになることもなく、周囲の方々に見守られている感じ。

筑北村は他の市町村に比べると観光資源も少なく、知名度も低い。ただ、私の求めたものはすべてあり、ふとしたときに思わずはっとするような景色に出会える、とても素晴らしい村。私のように、何もないところが好きな方には向いていると思う。◉

北アルプスに惹かれて筑北村へ移住したわけですが、それ以上に魅力的だったのが、役場の人をはじめとする地域の皆さんの温かさでした。面接の日、駅まで公用車で迎えに来てくれたんですが、見渡してもそれらしき車がない。そうしたら「榎並さん、こっちだよ」と声が聞こえて振り向くと、軽トラ。公用車が軽トラ？と驚いたんです

が、「今日は遠いところから本当にありがとうね。まずお茶をどうぞ。面接ってことになってるけど、来てくれただけでいいかって気になってるんだよね」って言うんですよ。で、面接が終わって、結果は書面でと言われたんですが、5分後に担当の人が来て「合格したよ」って。対応が皆温かく、ここで働きたいなと思いました。

　買い物は、車で30分以内の穂高や安曇野ですることが多いですね。美術が好きなので、見たい展示があるときは東京に行きます。関西への出張があるときは、京都の友人のところに滞在してギャラリー巡りをしたり。でも筑北村にいることは全然寂しくないですよ。京都にいたときは隣に誰が住んでいるかもわからず、みんな線を張って生きている感じでしたが、こちらでは仲良くしていただける人がたくさんいて、孤立感がありません。人と人のつながりを求めて田舎にきたところがあるし、ひとりっ子なので、かまってくれる方々がいるのはうれしいです。

　地元の方と仲良くなるコツは、わからなければ何でも聞く、誰にでも聞く。教えてもらったことを実践し、写真に撮って見せてみる。

　たとえば、ふきのとうを採ったなら「どうやって食べるの？」と聞き、教えてもらったら実践して「できたよ！」と報告するようなことですかね。その延長で、野菜や米も作るようになり、味噌を仕込み、という具合に、できることが増えてくるのが楽しいですね。知らないことがこんなにあって、やればできるのかって。素晴らしい経験がたくさんできます。やっていると、声をかけられることも増えて、縁が広がります。

　困ることは、村内に大きい病院がないことでしょうか。病院に行くときは仕事を休むことになりますね。ただ、村外の病院へ行くと、普段村の中では食べられない外食店や大きなスーパーに寄れる楽しみもあります。

　筑北村には、回転ずしもサーティーワンもないかもしれない。コンビニも1軒だけで、ほかのコンビニチェーンの限定品が買えない、本屋も百均もないと、探せばいろいろあります。それが気になる人にはストレスになるでしょう。逆に、不便を楽しめる人にとっては天国みたいなところです。2カ月に一度、街へ出たときに食べるサーティーワンのおいしさは格別ですよ！　村の方も私も、筑北村の何もないところが好きなんです。

榎並真由子さん
1981年静岡県生まれ。京都市の美術大学を卒業し、そのまま京都で暮らすが、山好きが高じて信州移住を志す。モットーは「（地元の人に）誘われたら断るな」。

File 28

日本の本質、魅力を
田舎に見つけた

神奈川県横浜市 ―― 伊那市

吉岡 秀幸さん　智美さん
ランドスケープアーキテクト(RLA)
移住の時期・2019年／家族構成・夫婦

Q 移住を考えたきっかけは

―― 私たちは、夫婦でランドスケープデザインという仕事をしている。公園や広場のデザイン、まちなかのオープンスペースや小さな森づくり、農園のデザイン・管理などが主な内容だ。仕事柄、地域風土や地域生態系の視点で、その「場」を見ていくことが多いのだが、以前住んでいた地域の環境がどんどん均一化していくことに物足りなさを感じるようになった。一方で、仕事やプライベートで、地方を訪問する機会が増えるごとに、日本の田舎は、まだまだ素晴らしい個性と風土が残されていると感じることが増えた。日本の本質、魅力は都市ではなく、田舎にあるなと。土地土地の個性を感じる場で暮らそう、自分の本能が「好きだなァ〜」と感じられる場で仕事をし、暮らしたい！ そう思った事が、移住を考えた始めたきっかけだった。

畑からは中央アルプスが一望できる

Q なぜ「伊那市」だったのか

―― 2010年くらいから移住先をあちこち探してきて、伊那にたどり着くまで、実は長い道のりだった。北関東〜房総〜奥多摩〜東海〜中部〜近畿〜中国〜北陸地方まで視野に入れ、できるだけ足を運んで、実際に歩き回り、人と話し、自分たちなりにいろいろ感じてみて、自分の本能が「何となく好きだなァ〜」と感じる感覚をアンテナにして、住む場所を探してきた。日本の田舎はまだまだ個性豊かで素敵な場所がたくさんあったが、仕事の中心が関東であったこと、親も関東に住んでいることから、関東との行き来が可能なエリアに絞り込んでいき、結果的に信州が有力候補に。さらに、水の良さ、大気の清浄さ、自然度の高い山や森がすぐ近くにあること、集落固有の文化的風景が残っていること、土着的な信仰が受け継がれていること、「人と自然のイトナミ風景」があるかといった条件を満たす場所を求めて信州各地を訪問。最終的には「なんとなく好きだ」という自分たちの感覚を信じ、伊那市に決めた。

移住してから保存食の材料には事欠かない

Q 移住までにクリアしなければならなかったこと

―― 住む地域を伊那に決めてから、住むための家を探したが、予想以上に難航した。理由は〝広い庭と畑がある農家のよう

吉岡秀幸さん・智美さん
夫は1965年茨城県生まれ、妻は1971年千葉県生まれ。「とちどちランドスケープ室」主宰。設計事務所、造園会社を経て夫婦で独立。人と生きものにとって【どちらからも魅力的】であるデザインをコンセプトに、その土地の個性を尊重した“イトナミ風景”の場づくりを行っている。

な家〃という理想にこだわったため。家は良くても、その周辺環境全体が気に入るほどの理想的な物件はなかなか見つからなかった。そこで、発想を変え、家や庭よりも、家周辺の環境全体が「好きだなァ〜」と感じるかどうかに視点を移した。結果的にはそれが正解。庭は狭く、畑も少し家から離れているけれど、地域全体が庭のようなもので、その中で心地よく暮らせている。

次に必要だったのは親や家族、関東の取引先への説明。こちらは快く理解してもらい、特に反対などもなく進めることができた。

Q 住んでみて、今どう思っている？

――今はっきりと言えることは、「予想以上に良かった!!」に尽きる。その感覚を言葉にすれば、「人に必要なものがすべてここにあった」という感じになる。環境と風景は人に大きな影響を与える事を実感する日々。正直、もう都会へは戻れない。

引っ越す前は、集落の人達に受け入れてもらえるのだろうか、と少し不安に思っていたのだが、大らかで明るい方が多く、そうした心配は不要だった。伊那の人々の大らかさは土地の豊かさから生まれるのか？と思ったりしている。まだ付き合いは浅いが、少なくとも私たち側はこの集落の人たちの優しさにとても感謝している。

逆に、予想外の問題点は、畑の雑草管理。これまで私たちは、草と共生していく農地を目指してきたのだが、それは地域的には許されないことだった。でもこれは地域のやり方に素直に従い、工夫しながら農地づくりをやっていくことで解決に近づけたいと思っている。

Q 伝えたいこと

――信州固有の暮らしの文化、集落、農地、歴史、生態系などが好きで、この貴重な風土や文化的景観を守っていきたいと思う方には、信州という土地は素晴らしく感じられると思う。なぜなら、田舎では一人一人の暮らし方が、その地域に影響を与えうる存在になり、個と環境が分断されていないという事を感じるから。

好きな相手と仲良くなりたいと

思うとき、その人をよく知りたいな、と思いますよね。人と土地の関係も同じ。信州には、この風土を良く知り、守っている人達が沢山いるし、彼らを通じてその土地の暮らしの文化、歴史、生態系などを知ろうとすることが、その土地に馴染んでいく近道だと思う。

信州は南北に長く、それぞれの場所に違う空気が流れている。できるだけたくさん歩いて、人と話して、「好きだなァ～」と素直に感じられる場所と人がいるエリアを探してみてほしい。私たちはそうしてきて、とても良かったな、と実感していますよ。

◉

リサーチに時間をかけて良かったなというのが実感で、移住したのを後悔するどころか、ますます伊那が好きになっています。都会のように多くの人口を抱えて経済力を高めるのではなく、地域が持っている資源を生かしていい方向にもっていこうとする気持ちがあるように感じるんですね。そこが私たちにとっては魅力的なんです。

住んでいるのは、地元の不動産屋で探した、集落の一角にある賃貸住宅。人づきあいに関して、うまくやっていけるかなと思っていましたが、皆さん親切でトラブルもありません。もちろん皆さんの本心まではわからないので、こちらで勝手に思っているだけですが、集落の人の優しさにとても感謝しています。ただ、集落によっては移住者への警戒心が強いところもあるそうなので、住む場所については地元の人に話を聞いたりすることを勧めます。

仕事に関しても、伊那でやっていける確信までは持てなかったのですが、ありがたいことに順調なスタートを切ることができました。知り合いになった人たちが私たちの仕事に興味を持ってくれ、なんとなく声がかかるパターンがほとんどですね。現在は、伊那市の公園のデザインや地域のプロジェクトに、街の人たちと一緒に取り組んでいます。

そう考えると、私たちは人間関係に恵まれていると言えそうです。人とのつながりを大切にして、なぜここに住んでいるのか、ここで何をしようとしているのかを伝えることができれば、地域の人にも受け入れてもらいやすいのではないでしょうか。

File 29

信州の魅力に気がついたのは
小布施町に移住してからでした

東京都墨田区 → 上高井郡小布施町

大宮 透さん

役場職員

移住の時期・2013年／家族構成・夫婦+子ども1人

庭の続きには栗畑が広がっている

Q 移住を考えたきっかけは

—東京で大学院生として都市計画の制度を研究していた2011年から、さまざまなご縁が重なって小布施町の町づくりに関わるようになった。当初は移住をするという意識は一切なかったが、町の事業に関わるなかで、町役場や町内の民間事業者とつながりができていき、ここであればおもしろい取り組みができるのではないか、自分も何か役に立てるのではないか、という思いを持つようになっていった。もしうまくいかなかったら、そのときは大学に戻り、研究者になればいい。そう考えることで踏ん切りがついた。

Q なぜ「小布施町」だったのか

—信州でなければならない、という必然性はなく、「小布施」というところに関わり、魅力を感じたというのが正直なところ。

ただ、それまでの生活の基盤や友人たちがほぼ東京にいたので、長野県は東京との距離が近く、何かあれば比較的すぐに東京に出られるので安心感があった。大学院生だった2011年頃、東日本大震災の復興プロジェクトで岩手県によく通っており、その頃は、東北に移住することも考えていたが、小布施を選ぶことになった大きな理由は東京との距離感だったと思う。

当初はそこまで「信州」というところにこだわりを持っていたわけではなかった。魅力に気づいたのはむしろ移住後。車に乗るようになってから行動範囲が広がり、あちこちに出かけるうちに、徐々に信州の良さに気づいていった。

Q 移住までにクリアしなければならなかったこと

—当時は家族がいたわけではなく、大学院生だったこともあり、仕事をやめなければならないというような制約はなかったので、自分の決心がつくかどうかがすべてだった。幸い、それまでの関わりを通じて知り合った方々が家を探してくれたり、車を融通してくれたりして、生活に必要な最低限のものがすぐ

大宮　透さん
1988年山形県生まれ。大学院で都市デザイン・都市計画の制度を学び、2013年に単身移住。フリーランスの立場で関わった後、2020年より小布施町役場職員。2019年結婚、一児の父。

に用意できたのも大きかった。

Q 住んでみて、今どう思っている？

――小布施町は本当に素晴らしいところだと感じている。豊かでおいしい食、身近にある農、四季を感じ自然に親しめる場所へのアクセスの良さ……。また、観光地でもある小布施町には質の高いレストランも多く、車で行ける距離に長野市や松本市、軽井沢などもあるので、買い物や文化的なイベントにも不自由を感じない。山のイメージが強いと思うが、小布施からは新潟県上越市が近く、海にも短時間で行くことができる。週末ごとに「どこに行こうか」と迷うほど選択肢が多いのが気に入っている。いざというときには、東京などの大都市にも日帰りで行ける距離感も魅力。逆に言えば、首都圏の友人にも来てもらいやすい場所である。適度に昔からの友人と会える（会いに来てもらいやすい）という意味で、とても恵まれていると思う。日常的には車で行動するのがスタンダード。買い物などは東京で住んでいたときよりも楽になった面もある。

住む前に不安だったことの一つは、自治会や消防団など、地域での役割で馴染めるかどうか、大変じゃないかということだった。でも、いざ参加してみると、いろいろ細かいことはあるものの、そこまで負担にはなっていない。

たとえば、うちの自治会の場合は、月1回お宮掃除がある。掃除の日は朝5時とか6時から集まるのだが、確かに面倒な部分もありつつ、そういうことを積み重ねていくことで、近所の人とも自然に知り合いになれるのがいい。通勤の行き帰りで野菜のおすそ分けをもらったりする近所との関係性ができるのは、都会ではなかなか得難い魅力だと感じている。

ただ、自治会活動が外部向けにわかりやすく説明されている資料のようなものはないため、こういう行事もあるんだなぁというのを、体験しながら覚えていく必要性がある。新参者としては少し面倒なところだとは思うけれど、そこは焦らず、新しい体験としてとらえ、地域の人とつながるチャンスだと考えて、時間をかけて馴染んでいきたい。

Q 伝えたいこと

――私の場合、信州に憧れたというより、小布施町という魅力あふれる地域で自分の力を発揮したいという動機が強かった。独身だったため「やってみたい」気持ちにまかせてやってきた感じだった。最初の3カ月間は住居もシェアハウスへの居候（その後、一軒家に移った）。

小布施の魅力については前述したが、個人的な感想としては、小さな町だけれど、おもしろい人がたくさんいることが一番のポイントかもしれない。高齢化を課題とする小布施町は若い移住者を求めているので、興味のある人は、ぜひ小布施も移住先候補のひとつに加えてください。

◉

私が初めて小布施町にきたのは大学3年の夏でした。学外の活動で、日米の学生70人が集まるプログラムに参加したとき、小布施で2泊したんです。長野県にきたのも初めてでした。そのときの印象が良かったことが移住にも結びついたと思います。決定的だったのは、町長から「やってみませんか」と声をかけていただいたこと。大学院生で実績もないため、他の地域ではボランティアとしてなら歓迎されても仕事となるとなかなか機会を得ることが難しかったのですが、小布施では「仕事としてお願いしたい」と言ってもらえたので、前向きに考えることができました。

小布施町は観光地として知られています。移住者もそれなりに多く、人口減はさほどではありませんが、高齢化を見越した取り組みを積極的に行っています。それなら私も、新しい町づくりへの取り組みをしているところで、学んできたことを活かしてみたいと素直に思えたんですよね。自然環境は抜群ですし、人間関係も円滑、仕事にもやりがいが持てる、恵まれた移住生活になりました。

私生活では、こちらにきて知り合った女性と結婚し、子どもも誕生しました。いや〜、かわいくて仕方ないです（笑）。

仕事では役場の職員（総務課長）として、役場全体の組織に関わることや防災担当、デジタル化の推進など、忙しく働く日々です。これからも町の役に立ちたいし、長く住み続けながら、地域のいいところを見つけていきたいと思っています。

家族がひとり増えたばかり。この町に長く住み続けたいと話す

 小布施町企画財政課企画交流係　〒381-0297 上高井郡小布施町小布施1491-2　tel026-247-3111

File 30

食べていく手段から移住先を考えるのもひとつのやり方だ

東京都杉並区

愛知県
北設楽郡豊根村

上伊那郡中川村

↓

下伊那郡高森町

逸見 俊隆さん

林業・NPO法人代表
移住時期・2005年／家族構成・夫婦

主宰するNPO法人のイベントでは
木の伐採が体験できる

Q 移住を考えたきっかけは

――「スタジオジブリ」「虫プロダクション」などでアニメーターや制作スタッフとして仕事を経験。中国出張を繰り返していた1994年、出張から戻るとボーナスが出ないと言われ、バブル崩壊を数年遅れで実感した。

そんなとき、『脱東京マガジン』というムックに載っていた愛知県森林組合の合同広告を目にし、初めて移住を意識。問い合わせして応募し、その後全国に広がる林業Iターンの第一期生として、静岡県や長野県との県境にある豊根村に夫婦で移り住んだ。釣りやキャンプは好きだったが、林業は未経験で知識もまったくなかった。

Q なぜ「高森町」だったのか

――測量助手からスタートし、フリーの林業従事者として11年半過ごす中で、最も近くにある街だった飯田市によく行った。その影響で、伊那谷に魅力を感じるようになり、いずれ住みたいと考えるようになっていた。最初中川村に住んだのは、ジブリ時代の元同僚の紹介で賃貸物件を借りることができたため。2005年に引っ越し、2012年からは福祉関係の仕事に転職。社会人として、人間として大切なことをたくさん経験した。この頃から理想とする住居を手に入れることを考え始め、3年がかりで物件を探し、2017年に高森町に中古物件を購入した。

Q 移住までにクリアしなければならなかったこと

――仕事と住居の確保が課題だったので、それが可能な豊根村を選んだ。私自身は、東京の生活に限界を感じて移住を目指したが、妻も都会志向ではなかったので反対はされなかった。

Q 住んでみて、今どう思っている？

――移住先のことも、林業のこともまったく知らずに行動し

逸見俊隆さん
1961年群馬県生まれ。大学進学で上京後、アニメーション制作会社に就職。1994年、愛知県北設楽郡豊根村へ移住し林業に従事。2005年、長野県中川村へ移り社会福祉法人の職員に。2017年12月、高森町に家を購入するとともに「人と里山を元気にする」をテーマに「NPO法人たかもり里山舎」を立ち上げた。

たので、みんなから無謀だと言われた。32歳という若さだからできたことかもしれないが、後悔はまったくしていない。

途中で信州へ移り住み、一時期林業を離れることになったが、少し仕事に煮詰まっていたのでタイミングは良かった。住むことでさらに南信州が好きになり、家を買う気になったのだから。

高森町は小さな町だが、飯田市にも近く、ここに落ち着いたことに満足している。

Q 伝えたいこと

── 自分は南信州しか知らないが、暮らしやすさという面では心配しなくてもいいと思う。都会にはない楽しみがたくさんある。

移住を考えている人は、信州に何を求めるかをよく考えて欲しい。「風景がいい」はけっこうなことだけど、仕事はどうするのか？ どのようにして生活を安定させていくのか？ 移住の目的がはっきりしていない場合は、食べていく手段から移住先を考えるのもひとつのやり方だ。

豊根村と中川村で計17年半ほど林業に従事し、たくさんの移住者に会ってきた。多くの人は移住先で長く暮らし、仕事を続けている。一方、仕事を辞めて地元に帰ってしまう人もある程度いる。

彼らは林業に馴染めないのではなく、組合のやり方や待遇が不満で辞めてしまうのだ。

私自身も、現場を無視して画一的に国の方針を押し付けてくる組合の施業内容の改善を求める運動を、地元の友人や同じような移住者の仲間たちとしてきた。わずかに改善されたこともあるが、残念ながら現在でも林業の労働環境にはたくさんの問題があると思っている。

自分がなんとかやってこれたのは、32歳で移住したからだ。若いときは苦労が快感でもあるが、体力は年々落ちてくるので現場の仕事はきつくなる。好きな場所で長く暮らすために、40代以降で移住する人は、10年先のことを想像して仕事を選ぶことも必要だと思う。

●

最近「小さな林業」と表現される自伐型林業、つまり一般的な森林組合とは別に個人や少人数の組織が小さな規模の経営で自ら山に入り、独自の工夫や努力で山の資源を材木や薪などさまざまな形で商品化して収益を上げようという新しい林業の形態が生まれています。

これはかなり魅力的です。

今、私の法人では山主さんから提供して頂いた手入れ不足の山林を整備し、そこで得られる間伐材や固有の樹木を林業の枠にとらわれずに利用していこうという事業を行っています。

いまのところ儲けは出ていま

伐採体験のあとは、間伐材で作ったスウェーデントーチで焚火を楽しむ

せんが、間伐材の商品化などたくさんアイデアは持っていて「みんなで収益事業を作っていこう！」と会員たちと楽しみながら活動しています。山仕事の活動を通して、新しい展望と収益を得ていきたいですね。

　材木を生産するという目的ではなく〈生物多様性の森作り〉そのものが目的、という「林業」の形は今のところ成立していませんが、「山仕事」としてなら、そのようなSDGs（持続可能な開発目標）も見えてくるのではないでしょうか。

　林業とか農業とかの枠にとらわれることなく、「人と里山を元気にする」活動をする中から新たな事業を創出していくつもりです。

　東京を離れて26年。こちらに溶け込んだ部分もありますけど、相変わらず移住者の目線で外から見ている部分があります。周囲の移住者たちを見ても、おもしろい人が多いんですよ。人それぞれ、自分の意志で生きている。

　いったん都会で仕事を選び、途中で何か違うと感じた人たちが、いい歳になってもう一度生き方を考え直し、何をするか自分で考えて決め、地方で新しいことを始める。

　結果はやってみなければわからない。だったらやってみよう。そんなふうに考える人たち、おもしろいと思うんですよ。

定年後の移住。
最初は「なんで僕はここにいるんだろう」
と思いました

愛知県安城市 → 東筑摩郡山形村

寺西　正樹さん

なし（シルバー人材で公共施設の管理業務）

移住時期・2012年／家族構成・夫婦

Q 移住を考えたきっかけは

――定年2年前のある日、妻が突然、真面目な顔で「老後は信州の古民家で暮らしたい」と言い出した。それまで家事や子育てを任せっぱなしだった恩返しの気持ち、というのが表向きの賛成理由。実際は、私一人で暮らすほどの強さはないので、夢に向かって前進する妻についていこうと考えた。

Q なぜ「山形村」だったのか

――子どもが小さい頃は、夏はキャンプ（志賀、戸隠、乗鞍一ノ瀬、松原湖）、冬はスキー（御嶽、やぶはら、木曽福島、栂池）でよく信州に来ていて、豊かでスケールの大きな信州の自然に魅力を感じていたことから、移住先は長野県を考えていた。我が家の事情として、子どもたちが東京と愛知県に住んでいるので、両方からアクセスのいい松本・塩尻エリアがベストと判断。生活に必要な環境にも照らし、住んでみたい古民家を探し始めた。その結果、見つかったのが山形村。それまで、山形村のことは何も知らなかった。

Q 移住までにクリアしなければならなかったこと

――定年延長して61歳まで働いていたので、退社時期の調整をし、うまく区切りをつけなければならなかった。また、愛知県で住んでいた住居の売却準備と売却時期を、移住先の物件購入時期との時間差を少なくし、不便さや経済的なロスを防ぎたいと思っていた。幸い、愛知県の住居がスムーズに売却できたので、引っ越しのストレスを抱え込まずに済んだ。

Q 住んでみて、今どう思っている？

――心配だったことは、体験したことのない冬の寒さと雪の量。未経験だった薪ストーブを使いこなせるか（仲間づくり、薪の伐採と薪割り、貯蔵など）も不安だった。真冬の寒さはいまでも苦手だが、地元の方々や先輩移住者に温かく接してもらえて、薪の調達法も短期間で覚えることができた。自分の強い意志ではなく、妻に引っ張られての移住だったこともあって、60歳代の自分が親戚も知り合いもいない新天地で周囲に溶け込

農作物を作る会での活動も、
地域に溶け込むきっかけになった

む自信はなかったが、積極的に地域と関わりを持つことで、想像以上にすんなりと馴染むことができたと思う。

山形村の長所は、ほどよい便利さを備えた田舎暮らしが満喫できるところ。村の耕作地域や北アルプスの雄大な眺めなど、自然の豊かさが存分に感じられ、とくに村から望む松本平の風景が気に入っている。松本や塩尻の両市街地に近く、何かと便利でもある。また、村内に病院やスーパーマーケット、コンビニ、映画館まである大型商業施設などもそろい、普段の生活を地元で賄うことができるのも、高齢者になったときのことを考えるとありがたく、満足度が高い。

白い花が満開のそば畑。自ら収穫し、そばを打つ楽しみもある

Q 伝えたいこと

――イメージ優先ではなく、目的とこだわりのポイントを整理して、現地で確認する。たとえば学校、就業先、医療、買い物、交通アクセスなど、気になっていることを満たしているかどうか、下見の機会に細かくチェックしておきたい。

地域に溶け込むために私がしたこと。まずは、村を知り、知り合いを作るために自治組織に加入して役割を引き受けた。地域や村の文化、歴史、ルールを理解するうえでとても役立った。

仕事は、シルバー人材センターに登録して、週に2日、村の公共施設で働いている。移住したら畑をやりたいと思っていたので、素人ばかりで農作物を作る会「NPO定年就農の会」に入り、農業体験も。これらは特別な技術や資格もいらない。自分からちょっと動けば、地元の方との出会いがあり、世界が広がることを身を持って体験した。

山形村は松本市に隣接しているため、近隣の地域からの移住者が多く、人口の約半分を占める。それだけに、新しく来た人の意見を取り入れる気風があるように感じられ、移住しやすい地域ではないかと思う。

◉

「なんで僕はここにいるんだろう」。山形村へ移住したとき、そんなふうに思ったことを覚えています。積極的だったのは妻で、私自身は、定年後に信州で暮らすことを考えていなかった。だから、いま真剣に移住を考えている方に語れることは少ないのですが、なかには私のような人もいるんじゃないかと信じて話をしますね。

　妻の希望は古民家で、物件はないわけではありませんが、本格的なものほど手直しが大変だったりで、購入費用に大幅プラスしないと住める状態にならないことが多い。じつは須坂や穂高の物件も見に行きました。山形村の物件にしたのは、地の利の良さもありましたが、リフォームされてすぐに住める状態だったのが決め手です。350坪の土地に50坪超の建物で、値段が高かったので躊躇しましたが、ここしかないと考えて決断しました。

　とはいえ、私にとってはあまり実感がないというか、薪の調達をどうしよう、田舎暮らしができるかなと、むしろ不安のほうが多かったですね。引っ込み思案にならずに、自分のほうから地域に馴染む努力をしないといけないぞと（笑）。もともと積極的な性格だったのではなく、最初は危機感。「私たち夫婦が引っ越してきましたよ。仲間に入れてください」という気持ちでした。

　そういうのって伝わるものなんでしょう。集まりに顔を出せば、助けてくれる人が現れ、薪をどう集めるか尋ねれば教えてもらえる。近所の人からカラオケの会に誘われる。そうやって少しずつ、周囲の人に自分たちを知ってもらい、こちらもまた相手のことを理解していく。ただし、あまり張り切りすぎると、すべての親切に応えようとして疲れてしまうので、そのあたりはほどほどに。

　なかにはよそ者に偏見を抱いている人もいますが、そういう人はどこにでもいると割り切って、気にしないようにしました。大多数の人が移住者を歓迎してくれていることがわかってきてからは、マイペースを保てるようになっていきましたね。

　週に2日、仕事をしているのは、生活のリズムを作る意味合いが大きいです。何もないとダラダラしているうちに1日が過ぎてしまうじゃないですか。日々の暮らしには柱となるものが必要で、私の場合はそれが仕事だということです。多少の収入になるし、外に出ることで情報も入ってくる。知り合いも増えます。

　私は還暦を過ぎて、仕事もリタイアしての移住でしたが、現役世代の方は夫婦共稼ぎだったり、子育てに追われたりして、地域に溶け込むための時間を確保するのが難しいかもしれません。だけど、そこで長く暮らしていこうとするなら、趣味の分野でもいいから何か参加しておくことをおすすめしたいです。移住後時間が経つにつれて、地域のコミュニティーに参加できているかどうかが大事になってくるんじゃないでしょうか。

寺西正樹さん
1951年愛知県生まれ。妻の要望で定年まで残り数年の58歳時に移住を決意。入念な下調べを経て山形村に古民家を購入、2012年に移り住む。松本と塩尻まで気軽に出られる生活の便利さが気に入り、薪ストーブのあるゆったりした生活を満喫している。

夫の転勤で
まさかの信州住まい
でも3年後、
終の棲家を買いました

神奈川県横浜市 → 塩尻市 → 安曇野市

増子 裕子さん

専業主婦

移住の時期・1993年／家族構成・夫婦+子ども2人

Q 移住を考えたきっかけは

―― 夫婦とも東京都内の会社に勤務していたが、結婚して間もない1993年、夫の塩尻市への転勤が決まった。私自身は仕事に慣れてきたところだっただけに、ショックで泣いた。しかし、当時の私に選択の余地はなく、退職して夫についていくことにした。まだキャリアと言えるほどの仕事を任されていなかったのが、かえって良かったのかもしれない。知人はおらず、塩尻市についての知識もゼロだった。

Q なぜ「安曇野市」だったのか

―― 塩尻では夫の勤務先の社宅で暮らしたが、人間関係に恵まれ、思いのほか楽しいものになった。同時に信州が好きになり、会社の規定で社宅を出なければならなくなった移住5年後には、終の棲家を探そうと夫婦の意見が一致するまでになった。常念岳などが一望できる景色に惚れ込んだこと、駅が近く松本に出やすいことなどから、宅地開発中だった安曇野の一軒家を購入。本籍もここに移した。

Q 移住までにクリアしなければならなかったこと

―― 親の説得や住居を探す必要こそなかったものの、勤務先の退職手続きと引っ越し準備に追われ、塩尻での生活が始まってから、やっと友人たちへ連絡したほど慌ただしい日々を過ごした。

Q 住んでみて、今どう思っている？

―― 今でも外を眺めては「素晴らしいところに住んでいる」と思うほど、安曇野の環境が気に入っている。仕事はアルバイト程度しかできなかったが、周囲との人間関係も良好で、ふたりの子どもを育てながら、自分なりに楽しくやってこれた。長女はいま大阪に住み、長男は名古屋で大学生活を送っている。唯一の誤算は、勤め人あるあるで、夫がまさかの転勤。金曜の夜に戻ってきて、日曜の午後か月曜日の朝に東京へ行く単身赴任生活が、15年前から続いている。「特急あずさ」に乗った距離を計算したら、月まで行っているらしい。

増子裕子さん
1967年兵庫県生まれ。大学卒業後、大手自動車会社に入社し、宣伝部に配属。24歳で結婚後、会社員である夫の転勤で塩尻市に転居。28歳のとき、終の棲家を求めて安曇野市に家を購入した。

ここにきて痛感したのは車の必要性。免許なしでは生きていけないと思い、36歳で取得した。学校、病院などはそろっているのでとくに困った経験はない。寒さについては、気温でも降雪量でもより厳しい塩尻を最初に経験したため、むしろ安曇野を楽に感じた。ただ、雪かき文化には馴染めない面もあった。どれだけ朝早くからスコップ持ってガシガシやらなきゃいけないんだと（笑）。わかるようにやらないとやってないように思われるので、周囲の人にも「ザッザ」という音が聞こえるくらいがんばった。

Q 伝えたいこと

――家を建てるとき最も重視すべきは長い付き合いとなる隣近所の大切さ。近所とは猫をかぶってでも仲良くしようと最初から決めていた。といっても、会ったら必ず挨拶、いただきものをしたらお返しする程度。移住者は、人付き合いが都会より濃密だと感じるだろうが、それはどの地方に移住しても同じだと思う。個人的な感覚では、松本や安曇野は都会と田舎の中間くらい。ある程度の便利さは欲しいと考える人は、無理をして辺ぴな場所に移住するより、東京や名古屋に出やすいところに住むなど、柔軟に考えてみるのがいいのでは？

あとは、何かひとつでいいから家族で楽しめる趣味を持てたら言うことなし。我が家の移住物語を語るうえで欠かせないのはサッカー。夫と息子に影響されて地元チームである松本山雅FCの試合を観に行ったらハマってしまい、年間パスまで購入するように。ファン同士の付き合いが生まれて、住んでいる地域中心だった人間関係が安曇野〜松本全域に広がった。地元愛も強くなり、最近は自然に信州弁が口をつくようになっている。

◉

塩尻の社宅にいた頃は周囲が境遇も同じ、年齢層も同じだったから共通の話題があり、それはそれで楽しかった。でも、家を建ててここに住むとなったら、年齢層が近所の人とは違う（自分たちが若い）でしょう。地域に溶け込めるだろうかと不安になったりしました。

でも、松本とか安曇野の人って、最初は壁があるけど、いったん超えるとびっくりするくらい受け入れてもらえます。地元の人も移住者に対して「どんな人なの？」と思っているから、子どもを連れて出歩くときに、ごく普通の会話をするうちに打ち解けてもらえます。移住者は、よそからきたことがマイナス材料になると思いがちですけど、そんなことはありません。私が住む地域では、通っていた高校名をいうだけですごい情報

家族で応援する地元サッカーチームの松本山雅。家のなかにも山雅のグッズやチームカラーの緑がいっぱい

量になるくらいに、みんなどこかでつながっている。保育園とか行くとお母さん同士が同級生とかよくあります。ところが、私たちのように外からきた人間にはそういうところがないでしょう。逆にまっさらで話せる相手なんですよ。

移住者ががんばりすぎて深く地元に関わると失敗するパターンもあると思うので、よそ者であるメリットを生かし、適度な距離感で接するのがいいかもしれません。無理して、興味もないのにあちこち顔を出さないようにしましょう（笑）。

私は子供が作っていく交友関係を親がセッティングするのは「違う」と思っていたので、保育園にあがる前のサークル的なものには行きませんでした。保育園も小学校も中学校もひとつだから、どうせみんな顔見知りになっていくじゃないですか。注意したのは、噂をうのみにしないこと。自分の目でどんな人か確かめて付き合うのが私のモットー。そこがブレなければ、トラブルに巻き込まれてもそのうち終わるものです。

上の子どもは独立、下がまもなく社会人になります。家に一人でいるのが心配なこともありますが、暮らしている地域での不安はありません。何かあったら相談できる親友が身近にいて、趣味などを通じた親しい友人もいるからです。子ども抜きでは続かない人がいる反面、そうじゃない人もできます。

私のように、自分の意思とは関係なく信州に住むことになる人もいると思いますが、大丈夫、慣れますよ。不安しかなかった私も、今では大満足しています。でも、それは夫ががんばってくれたおかげですから、単身赴任が終わったら、畑でも山歩きでも思う存分やって、ゆっくり暮らしてほしいですね。

 安曇野市政策経営課　〒399-8281 安曇野市豊科6000　tel0263-71-2401

File 33
ライフワークへの
強いこだわりが
幸運を呼び込んだ!?
東京都足立区
飯田市

宮内 智也さん

建築設計事務所見習い

移住の時期・2020年／家族構成・単身

保存活動をライフワークとする大平宿の家並み

Q 移住を考えたきっかけは

――飯田市に大平宿という古民家群がある。建築を学んでいた学生の時から毎年通い、保存活動に参加していた。古民家が著しく傷んでいるなか、東京を拠点とした今までの活動では限界があると感じ、いっそのこと移住をした方が良いのではないかと考え始めた。

大平宿には、南信州の古民家の形態や江戸時代からの町並みが残っている。ここで多くのことを学んだ私は、ここをどうにかしなくてはという気持ちが先にあった。

大学院を卒業した後は、東京のゼネコンに就職。某大会の国家プロジェクトに2年余ほど関わった。連日仕事しか考えられないような日常と、建てているものがいかに製品的で消費的な計画であるか、それを感じて、このまま続けていきたくはないなと感じた。そこで、プロジェクトが落ち着く2019年末をもって仕事を辞め、飯田市に移住しようと考えた。

Q なぜ「飯田市」だったのか

――信州よりも先に大平宿という存在はあったが、移住を検討するにつれ、信州が良いなと思った点がいくつもある。

東京の経済圏というのは、稼ぐのも大変。その手段である仕事では、組織が優先されがちで、自分の時間や権利みたいなものが守られにくい。それに加え、家賃や生活費、交際費などがとても高い。一定の修業期間が必要とされる仕事では、重労働と低賃金と奨学金ローンで生活がままならない人も多く、それは不自然で特殊な環境なのではないかと感じるようになってきた。

一方で、〝田舎〟と呼ばれるところでは、居と食の部分で生活がしやすく、合理的でないかと考えた。

信州、特に南信州に行き来をすると、農家さんが元気で、食べ物（とくに野菜）がおいしい。峰々に囲まれて澄んだ風景からも季節を感じることが出来た。東京で過ごす時間の中では〝食〟から豊かさを感じたり、季節の移ろいを感じることはなかったので、信州で暮らせば、日常を彩る食や環境面で豊かになれるのではないかと強く思った。

また、リニアモーターカーなどセカンドモビリティーの発展で今後変わっていく都市だという

自宅の前から南アルプスが見渡せる

ことも、建築家を志すものとして意識した点だった。

Q 移住までにクリアしなければならなかったこと

―― 仕事の当てを決める。私の場合は大平宿という目的があったので、それをやりながら仕事がしたいと説明して理解して頂けるように様々なところを回った。

ただ、大平宿の活動の基盤固めをもっとしっかりやるべきだったという反省はある。たとえば東京での手続き関係。奨学金関係や東京で借りている倉庫などを後回しにしたため、コロナ禍で動きが取りにくくなってしまった。

移住までにやってよかったことは、退職が決まってからの有給休暇消化期間中、飯田に通っていろいろなコミュニティーに参加したこと。準備の段階から先輩移住者の集まりに顔を出したり、役場の方々にはとてもお世話になった。人間関係の面で不安にならなかったのがとてもうれしかった。

Q 住んでみて、今どう思っている？

―― 移住してまだ短いが、それでも感じること、気づくことは

宮内智也さん
1992年東京都生まれ。学生時代から飯田市の大平宿に通い、ボランティアとして保存に関わる。大学院卒業後、ゼネコン企業に就職するが、大平宿への思いは断ちがたく、飯田市に拠点を移して活動中。

大平宿の星空は美しい

たくさんある。たとえば、コミュニティーの高齢化と空き家の問題。高齢になっても住み続けたいと思っている方が多いし、空き家も手放したくないと考えている方がいる。そのため、古民家に住もうとしても、空き家を貸していただけない。あったとしても家が大きすぎる。水道管など不具合で修理しないといけない。駐車場が意外に見つからないなど、物事がスムーズに進まない難点がある。他に困っているのは、気軽にお酒を飲みに行けないこと。基本的には車移動なので、誘われる機会が少ないし、ひとりで飲みに行くのも大変だったりする。

Q 伝えたいこと

── 移住する前から、現地に通ってみると良いと思う。信州は思っている以上に移住者や協力隊が活発に活動しており、彼らと接点を持つことで不安がなくなり、教えてもらえることも多い。また、地元の飲み屋や銭湯に通ってみれば、いろんな話をしてくれるし、肌感でそこを感じることができるはずだ。

これからは東京や名古屋とも交通が近くなるだろうし、ネット環境もますます充実するだろう。そうなれば、移住に対するイメージも、「地域に根を下ろす」というものから「地方に拠点を作る」へと変化するのではないか。都市部に仕事が集中するような時代から、自分の住処を探して、生き方を考える時代に変わっていけば、信州から日本全国、さらには世界へと発信していくことは十分に可能だと思っている。

◉

自分のライフワークとして、大平宿の保存というはっきりした目的があったので、移住先で迷うことはありませんでした。

あとは行動あるのみだと、毎週のように飯田へ行き、仕事と住むところを探し始めたのですが、こちらは難航しました。大平宿の活動をしながら設計の仕事に携わりたいという、かなりわがままな希望だったので当然ですが（笑）。

そんなとき、ご縁があって大学の大先輩が営む建築設計事務所から、「うちも厳しいけれど、見習いでいいならきてもいい」と言っていただくことができて。しかも、1カ月くらいは所長御夫妻の家に食事付きで居候させてもらえたんです。我が子のように接していただいて、いま住んでいる家も、所長が間に入って交渉までしてくれたおかげで借りられるようになりました。一般住宅、なかでも古い建物の再生を得意としている事務所で、私はまだ資格も持ってないし経験も浅いため、教わりながら図面とか設計とかを勉強中です。

移住に失敗する人の多くは、不便さや環境のせいではなく、人との交流がうまくできず、寂しい思いで去っていくと聞きます。仕事や住居も大事ですが、仲間がいるといないのとでは大違い。知り合いができれば、本当に親切な人が多いので、行政のサポートを利用するなどして地域の方々と接する機会を増やしていくことをお勧めします。

「なぜ自分たちはここへ移住したのか」を地域の人に伝えよう

栃木県大田原市 → 松本市 → 長野市 → 下水内郡栄村

吉田理史さん

野外教育事業、コミュニティビジネス事業運営
移住時期・2015年／家族構成・夫婦+子ども2人

Q 移住を考えたきっかけは

――信州大学教育学部、同大学院に進学し、松本市と長野市で学生時代を過ごしたのち起業し、長野市で暮らしていたが、２０１１年３月12日の長野県北部地震がきっかけで栄村との交流が始まり、栄村出身の女性と結婚した友人が栄村へ移住。会社の本拠地も移転した。しばらくは長野市から通う形だったが、人と自然の調和がとれている点と、充実した野外活動ができる環境を求め、２０１５年に栄村へ拠点を移す。

Q なぜ「栄村」だったのか

――事務所の移転が最初のきっかけだったが、地域の方々の人間性（温かさ、たくましさ）、コミュニティーの強さ（３００年後を見据えた取り組み）、自

栄村人口・1,634人／役場標高・286m

然（里山環境）の豊かさを感じ、ここで子育てしたいと感じたから。

Q 移住までにクリアしなければならなかったこと

―― 住まいの確保と妻や家族の同意を得ること。栄村へはほとんど行ったことがなかったが、先に住んだ友人がいたことで情報はある程度得られたし、移住を喜んでくれた。温暖な静岡県出身の妻にとって豪雪地帯に住むことには抵抗があるはずなので、説得には時間をかけ、同意を得てから動き始めるようにした。具体的には、栄村に一人で住んでみて、大丈夫だと思ったら妻を呼ぶという手順を踏んだ。

集落全体が子育てを見守ってくれる

友人家族が住み、つながりができた小滝という小さな集落に一家で住める住居を探していたところ、千葉県からの移住者が引っ越すため、物件が空くとの話を小滝の人に教えてもらった。また、役場の方にもいろいろお世話になり助かった。過疎化に悩む栄村では、移住促進が大きな課題で、行政も必死になっている。いかにして栄村に移り住んでもらうか真剣に考えているので、相談に乗ってもらいやすい。

Q 住んでみて、今どう思っている？

―― 仕事の面でも子育ての面でも、移住によるメリットを実感している。里山地帯の風景は素晴らしいの一言。なかでも国道117号線からの眺めは絵のように美しい。夏は暑く冬は寒い環境で、11月の初旬には初雪が降るなど、季節の移り変わりを体感でき、暮らしにメリハリがある。自然と一体化するように、栄村の人たちは無理をせず、冬の間はゆっくりと過ごし、山菜が芽吹く5月にスタートする春を待つ。子どもにとっても、春～秋はもちろん、スノーシュー、スキー、かまくらづくりなど、冬場だって遊びには事欠かない。

都市部と比べるとしたら、飲食店や買い物できるところが少ないことと、2～3メートルは積もる雪だろう。

栄村は長野県最北端にあり、新潟県と接しているため、普段使うスーパーは車で15～20分のところにある新潟県津南町まで行く。蕎麦が有名な十日町も近い。コンビニなども近くにないが、住み慣れてくるとハンデは感じなくなる。

日本でも屈指の豪雪地帯なので、冬は寒く、深雪に覆われる。豪雪地帯ならではだろう、こちらでは雪かきのことを「雪堀り」と言う。一晩で1メートルほど積もったとしても、除雪体制がとても優れているので、道路に関しては心配の必要がない。この点は安心できる。

Q 伝えたいこと

——栄村が移住者を歓迎してくれる村であることは間違いなく、自然と共に生活する文化には心を打たれるものがあるので、ここを気に入って移住する方の満足度は高いと思う。ただ、集落それぞれは小さなコミュニティーで、ひとつひとつが小さな村のようなもの。新しい人が入ってくれれば、集落内でその人をどのように受け入れるか話し合いが持たれる土地柄だけに、住んでいる人たちとの良好な関係をキープしないと、長く暮らすのが難しくなる場合もある。どこの過疎地もそうだと思うが、移住者には住んで欲しいけれど、どんな人でもいいというわけではないのが悩ましい。集落の人と面と向かって話をし、「ここに住みたい」「ぜひ住んでくれ」となるのがベスト。場合によっては集落側から「ちょっと難しい」と言われることもあり得る。

良好な関係を作るコツは、「なぜ、ここに住もうとしているのだろう」という地元の人の疑問を解くこと。こういう理由で、こういうところが好きで、というふうに、なぜ自分たちはここへ移住したいのかを相手に詳しく伝えることが大切だと思う。

●

私の場合は、信州大学教育学部の野外教育学専攻という全国的にも唯一の学科で学んだことが、信州に住み続けることを決定づけました。起業し、同志である友人が栄村に住んだことでこの場所を知り、自分たちも居を移したわけです。

仕事内容に深みが出てきて、NPO法人だった「信州アウト

地元の集落はそれぞれの家を屋号で呼び合う

ドアプロジェクト」を株式会社にしました。学校関係の野外学習やアウトドアコンテンツを活用した研修などを企画して行うのがメインの事業です。「アウトドア×教育」という観点で、そこで得た学びを通じて人と人、人と自然をつなげていくことにやりがいを感じています。長野市にいた頃は事務所も町なかだったので、できればもう少し山の中のほうがいいとか、自由に使える環境が欲しかったというのもありましたが、長野市に留まることもできたのだから、大きな決断でした。

家の脇にかまくらを作れるほど、雪が積もる

　そしてもうひとつ、同時期に授かったダウン症の長男の将来を考えて家族経営として始めた事業「一般社団法人SATOYAMAそだち」のことがあります。彼が成長して、事業を引き継いでいけるようにするのが目標ですが、その点でも都市部にいるより、地域に根差した活動がしやすい栄村のほうがいいと考えたのです。

　仕事の同志である友人が栄村出身の女性と結婚したこと。会社の拠点を栄村に移したこと。事業内容が、長野市にいるより栄村にいるほうが適していること。私たちも一家で引っ越し、一般社団法人SATOYAMAそだちをスタートさせたこと。こうしたことが「なぜここへきたの?」に対する答えに繋がっているので、村の人たちとは常に情報を共有し、温かく接していただいています。

　私たち自身、栄村に住む人が増えて欲しいと思っているので、自分たちがしっかりと根付くことで、後に続く人の力になればと願っています。

吉田理史さん
1983年栃木県生まれ。信州大学大学院卒業後、友人とともに株式会社信州アウトドアプロジェクトを設立し、野外教育事業、コミュニティビジネス事業を展開。長男誕生を機に、障がい者支援・農業体験・地域支援を行う「一般社団法人SATOYAMAそだち」を設立し、多忙な日々を送っている。

File 35

登山と星景写真を優先し、内定を断って諏訪へ来ました

鳥取県倉吉市 → 諏訪市

石賀　翔さん
看護師
移住の時期・2015年／家族構成・夫婦+子ども2人

Q 移住を考えたきっかけは

——美しい山々と澄んだ空気の中、広がる満天の星空に惹かれて信州が好きになった。登山、星景写真（夜空と夜景）の撮影が趣味で、休みのたびに信州に来ており、登山にかけては信州が日本一だと思うように。いったんは京都の病院で就職しようとしたが、しょっちゅうくることになるなら、思い切って移住し、好きなことを追求しようと考え直した。また、信州人の優しさも魅力的で、住んでみたいと思う動機となった。

Q なぜ「諏訪市」だったのか

——信州のどのエリアにするかについては、登山をメインに絞り込み、北アルプス、南アルプス、中央アルプス、八ヶ岳、さらには埼玉県の秩父へもアクセスしやすい中信地域から諏訪と松本に絞り込んだ（白馬も考えたが北アルプスに偏る）。

Q 移住までにクリアしなければならなかったこと

――職場探し。京都の病院から内定をもらっていたが、信州に住みたかったので辞退し、人材バンクに登録して就職活動した。就職活動期間は1、2カ月。複数の病院から内定をいただき、自分に適した病院を選択して諏訪に決めると、地元の不動産屋をあたって住居を探して引っ越し。バタバタと新天地での生活が始まったが、移住後、勤務先で出会った女性と結婚することになったのだから、諏訪にした決断は大正解だった。

諏訪湖越しに見る諏訪湖赤十字病院と八ヶ岳

Q 住んでみて、今どう思っている？

――思っていたとおり、最高の場所だった。どこの山にも行きやすく、晴天率が高い。中央道にすぐ乗れて移動が楽なのも良かった。仕事が忙しいこともあって登山の頻度が少なくなった代わりに星景写真に力を入れるようになり、結婚前は土日のたびに写真を撮りに行く生活をしていた。どこにでも行きやすいので撮影ポイントを探すのも楽しいし、高ボッチ高原など気に入りの場所もできた。諏訪は観光地でもあり、小さなイベントから花火大会、御柱祭といった全国的に知られる行事までそろっていて飽きない。

食については野菜や果物はもちろん、山菜のおいしさに驚いた。海がないので、海産物には期待していなかったけれど、漁港直売のような店もあり、思ったより新鮮な魚を手に入れられる。

冬の寒さは想像以上。賃貸物件でも寒さ対策のペアガラスが使われていてさすがだと思う（エアコンだけでも大丈夫）が、外気の冷えにはいまだに慣れない。出勤時、フロントガラスが凍結し、暖気運転しながら溶けるのを待つ間、震えている。

田舎育ちなので都会への憧れがなく、にぎやかなところも好きではないので、観光地でありながらしっかり生活もできる諏訪は自分にとってちょうどいい規模だと思っている。移住した当初は諏訪湖の近くに住み、結婚後は子どもの学校の関係で湖から5キロ離れた場所に転居。職場の人たちが中心だった人間関係も徐々に広がり、地域の人も子どもに良くしてくれるので、安心して子育てができている。

Q 伝えたいこと

――約5年になる諏訪での生活を振り返ると、暮らしやすい町だなという実感がある。生活に必要なものは地元でそろい、松本へも（下道で）1時間程度。中央高速で東京や名古屋にもアクセスしやすい。

もちろん、山や写真好きにとって非常に恵まれた場所だ。顔を上げれば雄大な山々が目に入り、絵葉書のような風景を見ながら生活できる。冬は寒いと書いたが、夏は涼しく、毎日のように花火が打ち上げられる。また、温泉を1年中楽しめるだけではなく、信州のほぼ中央に位置する諏訪からは各地の温泉も日帰り圏内。

諏訪大社はパワースポットで、7年に一度、全国的に知られる御柱祭が行われる。次回は2022年だが、いまから楽しみで仕方がない。諏訪湖も美しく、酒どころでもあるので日本酒好きにもお勧めしたい。

このように、住んでいるところを自信を持って勧められるのは、移住してから「これは困った」という経験がないからでもあるだろう。諏訪は昔からの観光地でもあるので、外からくる人を拒否しない。その、移住者に対する距離感がちょうどいいと感じる。山や星が好きで、都会過ぎず田舎過ぎない場所を探している方は、ぜひ諏訪へ！

●

山と星空に惹かれて諏訪へ来ました。もともと人見知りな性格で、登山も星景写真の撮影も自分のペースで動ける単独行動が基本。そのせいか、友人や知人がいないところに住むことへの不安はなかったです。看護師として働くことと趣味の追求だけを考えていたかな。車は持っていたので、とにかく動き回ろうと張り切っていました。

いざきたら、山より星に熱中するように。夜空がとにかくきれいで、撮影スポットを探しながら走り回るのが楽しくて、休日はほとんど撮影で終わっていましたね。

しばらくは星景写真にのめり込んでいましたが、結婚後、妻が登山を始めたので、最近は月

上伊那郡飯島町で撮影したという「月夜の空木と桜」

に一度くらいあちこち出かけて登っています。諏訪では保育園の送り迎えの間に八ヶ岳登山が可能ですし、子どもを背負って登ったこともあります（笑）。

仕事は、手術室に配属されて手術看護からスタートし、いまは集中治療室で働いています。奈良県でも看護師として働いていたので、仕事面の戸惑いはありませんでした。

月に7回ほど夜勤がありますが、看護師という職業柄、忙しいのは慣れていますし、病院内の託児所に子どもを預けられる制度を利用しています。出産などで仕事を辞めていた妻が午前中だけ仕事を再開したので、仕事も子育ても、ふたりで協力しながらやっていきたいと思っています。

5年もいると、社交的な性格ではない自分でも病院関係者をはじめとする友人が増えてきて、ますます居心地は良くなってきました。地域の方々との関係もそうですが、人間関係のストレスがほとんどないので、落ち着いて暮らせるんです。移住前の自分には、こうなることは想像できていなかった。5年後、家庭を持ち、家族で山に登っていると知ったら驚くんじゃないでしょうか（笑）。

石賀　翔さん
1989年鳥取県生まれ。奈良県の病院勤務を経て富山県などの山小屋で働き、趣味を満喫できる諏訪市へ単身移住。現在、元同僚の妻、子ども2人との4人暮らし。

おわりに

松本で7年半暮らしてみて

僕が信州へ移住したのは2012年夏。2011年3月11日に起きた東日本大震災と原発事故が移住を考えるきっかけとなった。妻はそれ以前から「いつかは地方で暮らしてみたい」と言っていたし、喘息気味だった子どもの健康を考えても、移住するならいまだろうと思えたのだ。信州の松本市を選んだのは、東京での住居や仕事場が中央線沿線の西荻窪にあったため。特急あずさを使い、上京中は事務所で寝泊まりすれば、ライターの仕事を続けることは可能だ。

松本には親戚はもちろん知人もいなかったので、下見がてら足を運んで不動産屋に賃貸物件の情報を送ってもらうと、ペット可物件（猫を2匹飼っていた）が極端に少ないことが判明。新学期までに引っ越さなければならず、郊外の一軒家を借りることになった。いまでは笑い話だが、まさか松本市があんなに広いなんて想像できなかったのだ。週末、疲れた身体を座席に沈めて東京から戻り、松本駅から郊外につながる電車に乗り換えるたび、あせって物件を決めたことを反省することになり、1年半後に市街地へ転居。東京との2拠点生活も体力的・経済的にきつくなり、事務所を畳んで必要なときだけ上京するスタイルに変更を余儀なくされた。本書に登場する人たちのように、慎重かつ現実的に移住プランを練っていれば、こうしたつまづきを経験せずに済んだかもしれない。

では、東京を離れたのは失敗だったのか。そんなことはないのである。始発の特急あずさで上京するために暗い道を駅に向かって歩いているときも、寒さに縮み上がる冬の夜も、移住を後悔したことはなかった。少々のきつさなど気にならないくらい、松本を気に入ってしまったからだ。

360度、どこを見渡しても目に入る山の景色。春から秋にかけての素晴らしい気候と晴天率の高さ。おいしい水や野菜、果物。美術館や芸術館を備えた市街地の居心地の良さ。足を延ばせば温泉やスキー場、観光スポットなども目移りしそうなくらいある。子どもの喘息はいつのまにか治っていた。

人にも恵まれた。僕たち一家はさして社交的でもなく、積極的に知り合いを増やすようなことはしなかったけれど、ひとりと親しくなると、その人が友人を紹介してくれて、数珠つなぎのように仲良くなれるのだ。移住者や仕事で松本に赴任中の人も多く、ローカルであってそうじゃないような雰囲気がおもしろい。

松本にいたから始められたことも多い。妻は畑を借りて念願だった野菜作りに精を出し、僕は狩猟免許を取得して鳥撃ち猟を始めた。ひょんなことから地元メディアの「エフエムまつもと」でレギュラー番組を持たせてもらったりもした。

だから、このままずっと住んでもいいと思っていた松本を家庭の事情で離れることになったときは寂しかった。同時に、大げさかもしれないけれど、世話になった信州に自分なりの恩返しができないだろうかと思った。

これから信州へ移住する人の参考になる本を作るのはどうだろう。僕のつたない移住記ではなく、移住者たちの体験をぎゅっと詰め込んだ本。

松本へ来てわかったのは、長野県の広さ。自然豊かな信州という漠然としたイメージで語られがちだが、地域によって気候や気質も違い、都会へのアクセスも異なる。実際に移住した方々が自らの体験を語り、各地域の特色から移住者への対応までわかる〝実用書〟があれば役立つのではないだろうか…。

このようにして誕生したのが本書である。信州への復帰（2度目の移住）をあきらめていない僕も、そのときには大いに参考にするつもりだ。


まず、登場していただいた35組に感謝します。すべての人のところに伺って話を聞くつもりが、コロナ禍によって大半がリモート取材になったにもかかわらず、快く協力していただきました。また、各地域の移住促進担当者のサポートにも助けられました。移住者の抱える不安や負担を少しでも軽くする施策を今後も期待しています。

体験者の実像や移住地の雰囲気を伝えるため、晴天を求めて何度も足を運んでくれたのは長野市在住のカメラマン・山浦剛典氏。読者諸氏も写真の力を感じてくれると思います。

信濃毎日新聞社出版部の山崎紀子さんとは、これまで3冊の『猟師になりたい！』シリーズを作ってきて、今回ようやく狩猟以外のテーマを手掛けることができました。またタッグを組める日を楽しみにしています。

2021年4月　北尾トロ

千曲市観光交流課ブランド・交流係

千曲市杭瀬下2-1
tel 026-273-1111

須坂市政策推進課

須坂市須坂1528-1
tel 026-248-9017

中野市商工観光課
ちょうどいい田舎暮らし推進係

中野市三好町1-3-19
tei 0269-22-2111

飯山市移住定住推進課

飯山市飯山1110-1
tel 0269-62-3111

坂城町企画政策課企画調整係

埴科郡坂城町坂城10050
tel 0268-82-3111

小布施町企画財政課企画交流係

上高井郡小布施町小布施1491-2
tel 026-247-3111

高山村総務課企画財政係

上高井郡高山村高井4972
tel 026-245-1100

長野県企画振興部信州暮らし推進課
田舎暮らし「楽園信州」推進協議会

長野市南長野幅下692-2
tel 026-235-7024

銀座NAGANO移住・交流センター

東京都中央区銀座5-6-5
NOCOビル4F
tel 03-6274-6016

東京ふるさと回帰支援センター

東京都千代田区有楽町2-10-1
東京交通会館8F
tel 03-6273-4401

NPO法人ふるさと回帰支援センター
信州暮らしサポートデスク

tel 080-7735-3992
090-1657-7401

長野県名古屋
移住・交流サポートデスク

愛知県名古屋市中区栄4-16-36
久屋中日ビル4階
tel 052-251-1441

長野県大阪移住・交流サポートデスク

大阪府大阪市北区梅田1-3-1-800
大阪駅前第1ビル8F
長野県大阪観光情報センター内
tel 06-6341-7006

長野市移住・定住相談デスク

長野市鶴賀緑町1613
tel 026-224-7721

上田市移住交流推進課
上田市大手1-11-16
tel 0268-21-0061

佐久市移住交流推進課
佐久市中込3056
tel 0267-62-4139

小諸市商工観光課企業立地定住促進係
小諸市相生町3-3-3
tel 0267-22-1700

東御市地域づくり・移住定住支援室
東御市県281-2
tel 0268-71-6790

小海町総務課渉外戦略係
南佐久郡小海町豊里57-1
tel 0267-92-2525

佐久穂町総合政策課政策推進係
南佐久郡佐久穂町高野町569
tel 0267-86-2553

川上村企画課政策調整係
南佐久郡川上村大深山525
tel 0267-97-2121

山ノ内町総務課移住交流推進係
下高井郡山ノ内町平穏3352-1
tel 0269-33-3111

木島平村産業企画室移住定住推進係
下高井郡木島平村往郷914-6
tel 0269-82-3111

野沢温泉村建設水道課移住定住係
下高井郡野沢温泉村豊郷9817
tel 0269-85-3113

信濃町総務課まちづくり企画係
上水内郡信濃町柏原428-2
tel 026-255-1007

飯綱町企画課人口増推進室
上水内郡飯綱町牟礼2795-1
tel 026-253-2511

小川村総務課総合戦略推進室
上水内郡小川村高府8800-8
tel 026-269-2323

栄村建設課定住住宅係
下水内郡栄村北信3433
tel 0269-87-3111

青木村商工観光移住課

小県郡青木村田沢111
tel 0268-49-0111

松本市住民自治局移住推進課

松本市丸の内3-7
tel 0263-34-3193

安曇野市政策経営課

安曇野市豊科6000
tel 0263-71-2401

**塩尻市秘書広報課
広報プロモーション係**

塩尻市大門七番町3-3
tel 0263-52-0280

大町市まちづくり交流課定住促進係

大町市大町3887
tel 0261-22-0420

上松町企画財政課企画政策係

木曽郡上松町駅前通り2-13
tel 0264-52-2001

南木曽町もっと元気に戦略室

木曽郡南木曽町読書3668-1
tel 0264-57-2001

南牧村総務課

南佐久郡南牧村海ノ口1051
tel 0267-96-2211

南相木村移住定住推進室

南佐久郡南相木村3525-1
tel 0267-78-2121

北相木村総務企画課

南佐久郡北相木村2744
tel 0267-77-2111

軽井沢町総合政策課企画調整係

北佐久郡軽井沢町長倉2381-1
tel 0267-45-8111

御代田町企画財政課地域振興係

北佐久郡御代田町馬瀬口1794-6
tel 0267-32-3112

立科町移住サポートセンター

北佐久郡立科町芦田2602-1
tel 0267-88-8403

長和町企画財政課まちづくり政策係

小県郡長和町古町4247-1
tel 0268-68-3111

朝日村企画財政課

東筑摩郡朝日村古見1555-1
tel 0263-99-2001

筑北村企画財政課

東筑摩郡筑北村西条4195
tel 0263-66-2111

池田町企画政策課移住定住促進係

北安曇郡池田町池田3203- 6
tel 0261-62-3129

松川村総務課噂の田舎へ案内係

北安曇郡松川村76-5
tel 0261-62-3111

白馬村総務課

北安曇郡白馬村北城7025
tel 0261-72-7002

小谷村特産推進室特産推進係

北安曇郡小谷村中小谷丙131
tel 0261-82-2589

飯田市結いターン移住定住推進室

飯田市大久保町2534
tel 0265-22-4511

木曽町移住サポートセンター

木曽郡木曽町福島5122
ふらっと木曽2F
tel 0264-24-0216

木祖村総務課企画財政係

木曽郡木祖村薮原1191-1
tel 0264-36-2001

王滝村総務課企画観光推進室

木曽郡王滝村3623
tel 0264-48-2001

大桑村総務課企画財政係

木曽郡大桑村長野2778
tel 0264-55-3080

麻績村村づくり推進課

東筑摩郡麻績村麻３８３７
tel 0263-67-4851

生坂村村づくり推進室

東筑摩郡生坂村5493-2
tel 0263-69-3111

山形村企画振興課地域振興係

東筑摩郡山形村2030-1
tel 0263-98-3111

原村総務課企画振興係

諏訪郡原村6549-1
tel 0266-79-7942

辰野町まちづくり政策課

上伊那郡辰野町中央1
tel 0266-41-1111

箕輪町みのわの魅力発信室
U・Iターン推進係

上伊那郡箕輪町中箕輪10298
tel 0265-79-3111

飯島町定住促進室

上伊那郡飯島町飯島2537
tel 0265-86-5312

南箕輪村地域づくり推進課

上伊那郡南箕輪村4825-1
tel 0265-98-6640

中川村地域政策課むらづくり係

上伊那郡中川村大草4045-1
tel 0265-88-3001

宮田村みらい創造課

上伊那郡宮田村98
tel 0265-85-3181

伊那市地域創造課

伊那市下新田3050
tel 0265-78-4111

茅野市地域創生課移住・交流推進室

茅野市塚原2-6-1
tel 0120-002-144
0266-72-2101

諏訪市地域戦略・男女共同参画課
地域戦略係

諏訪市高島1-22-30
tel0266-52-4141

岡谷市工業振興課
まち・ひと・しごと創生推進室

岡谷市本町1-1-1／幸町8-1
tel 0266-21-7000
0266-23-4811

駒ヶ根市商工振興課移住・交流促進室

駒ヶ根市赤須町20-1
tel 0265-83-2111

下諏訪町産業振興課 移住定住促進室

諏訪郡下諏訪町4613-8
tel 0266-27-1111

富士見町総務課企画統計係

諏訪郡富士見町落合10777
tel 0266-62-9332

売木村村づくり総合推進室 下伊那郡売木村968-1 tel 0260-28-2311	**松川町まちづくり政策課** 下伊那郡松川町元大島3823 tel 0265-36-3111
天龍村地域振興課移住定住推進係 下伊那郡天龍村平岡878 tel 0260-32-2001	**高森町産業課商工観光係** 下伊那郡高森町下市田2183-1 tel 0265-35-3111
泰阜村村づくり振興室 下伊那郡泰阜村3236-1 tel 0260-26-2111	**阿南町総務課企画財政係** 下伊那郡阿南町東條58-1 tel 0260-22-2141
喬木村企画財政課企画財政係 **移住・定住担当** 下伊那郡喬木村6664 tel 0265-33-2001	**阿智村協働活動推進課** **定住支援センター** 下伊那郡阿智村駒場483 tel 0265-43-2220
豊丘村産業建設課農政係 **営農支援センター** 下伊那郡豊丘村神稲3120 tel 0265-34-2520	**平谷村教育委員会** 下伊那郡平谷村354 tel 0265-48-2211
大鹿村総務課企画財政係 下伊那郡大鹿村大河原354 tel 0265-39-2001	**根羽村総務課** 下伊那郡根羽村2131-1 tel 0265-49-2111
県・市町村の移住担当窓口は、 2021年4月1日現在の部署です。	**下條村総務課企画財政係** 下伊那郡下條村睦沢8801-1 tel 0260-27-2311

編著
北尾トロ(kitao toro)
フリーライター。
1958年福岡県生まれ。2012年から2020年3月まで松本市在住。著書に『猟師になりたい!』シリーズ(信濃毎日新聞社)『裁判長!ここは懲役4年でどうすか』『恋の法廷式』『夕陽に赤い町中華』『犬と歩けばワンダフル』ほか多数。

撮影　山浦剛典
ブックデザイン　中沢定幸
編集　山崎紀子

そろそろ本気で信州移住

考え始めたあなたへ。先輩たちの本音アドバイス

2021年4月26日　初版発行

編著者　北尾トロ

発行所　信濃毎日新聞社
〒380-8546 長野市南県町657
TEL026-236-3377 FAX026-236-3096

印刷所　(株)シナノパブリッシングプレス

ISBN978-4-7840-7378-8 C0036

定価はカバーに表示してあります。
乱丁・落丁本は送料弊社負担でお取り替えいたします。